DR. MED.
ECKART VON HIRSCHHAUSEN
—————— UND ——————
PROF. DR. MED.
TOBIAS ESCH

DIE BESSERE HÄLFTE

Worauf wir uns mitten
im Leben freuen können

ROWOHLT

2. Auflage September 2018
Copyright © 2018 by Rowohlt Verlag GmbH,
Reinbek bei Hamburg
Redaktion Susanne Herbert und Amanda Mock
Gestaltung der Seiten 75, 241 und 285
Dani Muno und Dirk von Manteuffel
Fotos im Innenteil Camillo Wiz Photography
Abbildung auf S. 97 © The History Collection / Alamy Stock Photo
Glück auf S. 160 aus: Hermann Hesse, Sämtliche Werke
in 20 Bänden. Herausgegeben von Volker Michels.
Band 10: Die Gedichte. Copyright © Suhrkamp Verlag,
Frankfurt am Main 2002. Alle Rechte bei und
vorbehalten durch Suhrkamp Verlag, Berlin.
Radwechsel auf S. 165 aus: Bertolt Brecht, Die Gedichte.
Copyright © Bertolt-Brecht-Erben / Suhrkamp Verlag,
Frankfurt am Main 2000. Alle Rechte bei
und vorbehalten durch Suhrkamp Verlag, Berlin.
Satz Thesis Antiqua bei Dörlemann Satz, Lemförde
Druck und Bindung GGP Media GmbH, Pößneck, Germany
ISBN 978 3 498 03043 8

INHALT

KAPITEL DREI

VON DER U-KURVE ZUM ABC DER LEBENSLUST

Wie wir oft nur etwas finden,
wenn wir auch danach suchen

Warum wir gleichzeitig kränker
und glücklicher werden können

Und: warum der Unterschied zwischen
Theorie und Praxis in etwa so groß ist wie der
zwischen Einkaufsliste und Kassenbon

53

KAPITEL VIER

KÖNNEN EINE MILLION FRAUEN IRREN?

Wie wir Zufriedenheit überhaupt messen können

Welche Rolle Geld, Humor und das Alter
für die Zufriedenheit spielen

Und: warum uns rauchende Krankenschwestern
wissenschaftlich nach vorne gebracht haben

81

KAPITEL FÜNF

AUS DER KURVE

Warum Stress, Depression und Schmerzen
echte «Stimmungskiller» sind

Warum wir häufig von Minderheiten mehr hören

Und: wie Menschen durch Schicksalsschläge
über sich hinauswachsen können

103

DAS-HABEN-WIR-VOR-WORT

Herzlich willkommen zu unserem ersten gemeinsamen Buch «Die bessere Hälfte». Fast egal, wie alt Sie jetzt gerade sind, nach aktuellem Stand der Wissenschaft gilt: Das Beste kommt erst noch. Nicht ganz zum Schluss, aber all die Jahre davor! Die zweite Lebenshälfte ist für die meisten von uns die bessere.

Falls Sie weiterhin glauben wollen, dass Altern nur schrecklich ist, lesen Sie nicht weiter. Allerdings wird Sie die Angst vor dem Älterwerden Lebenszeit kosten. Es geht nicht nur um ein allgemeines Sich-Wohlfühlen – es geht knallhart um Ihre Lebenserwartung. Denn wenn man positive Erwartungen an die zweite Lebenshälfte hat, verlängert das tatsächlich die Spanne um bis zu sieben Jahre. Und noch eine wissenschaftliche Tatsache: Der effektivste Weg, nicht älter zu werden, ist, früh zu sterben. Das wünschen wir aber weder Ihnen noch uns. Worauf können wir uns denn mitten im Leben freuen? Eine fast vermessene Frage angesichts des allgegenwärtigen Jugendkultes.

Aber es ist schlichtweg Quatsch, dass es nach der Jugend nur noch bergab geht. Klar kann einem in der Mitte des Lebens schon mal die Puste ausgehen. Alles stresst gleichzeitig: Beruf, Kinder, Eltern und die ersten körperlichen Macken, die nicht mehr weggehen. Aber haben wir deshalb unseren Zenit schon überschritten?

Nein, sagen wir. Im Gegenteil. Die meisten sind mit 57 zufriedener als mit 17 oder mit 27. Lassen Sie sich überraschen, warum das so sein kann und was dabei hilft.

Wir wissen, wovon wir reden, denn wir stehen beide gerade voll im Leben, haben viel um die Ohren, vor Augen und im Hinterkopf. Wir wollen auch für uns selber wissen, worauf wir uns beim Blick nach vorne freuen dürfen. Wie geht es weiter mit unseren Lesern, Zuschauern, Patienten, mit der Gesellschaft, mit der Medizin, dem Planeten und mit uns selber?

Aber Moment – wer sind «wir» eigentlich?

Tobias ist Arzt, Wissenschaftler und Visionär im Gesundheitswesen. Er hat an der Harvard Medical School geforscht, über die Neurobiologie des Glücks, und baut gerade an der Privatuniversität Witten/Herdecke eine Ambulanz für integrative Medizin auf – es geht um wirksame Naturheilverfahren, gründliche Anamnesegespräche, Akupunktur und Tai-Chi auf Krankenschein. Eckart hat ebenfalls Medizin studiert, dazu Wissenschaftsjournalismus, und widmet sich seit 20 Jahren der Vermittlung von gesunden Ideen auf den verschiedensten Kanälen von Bühne, Büchern und Fernsehbeiträgen.

Wir lernten uns vor zehn Jahren auf einer Tagung über «Medizin und Meditation» kennen und merkten schnell, dass wir gemeinsame Interessen hatten. Bald starteten wir ein Forschungsprojekt, mit dem wir herausfinden wollten, ob das Internet-Training «glück-kommt-selten-allein.de» auch bei gestressten Callcenter-Mitarbeitern wirkt. Die Ergebnisse wurden in einer internationalen Fachzeitschrift veröffentlicht und zeigten, wie die positive Psychologie im Arbeitsalltag helfen kann. Während der professionellen Zusammenarbeit wuchs unsere Freundschaft. Über Tobias' Forschungsarbeiten zur Zufriedenheit im Alter und seine überraschende These, dass das Lebensglück zunimmt, haben wir immer wieder diskutiert und merkten, wie alle, die dabei zuhörten, sich einmischten und eigene Erfahrungen beisteuerten. Das Thema trifft offenbar den Nerv unserer Zeit. Und vielleicht sogar Ihren?

Und deshalb ist dieses Buch ein Gespräch zwischen Tobias, Eckart und Ihnen. Ab jetzt sind wir zu dritt: wir beide, Tobias Esch, Eckart von Hirschhausen, und Sie – als Lesende und Mitdenkende. Wir erzählen Neues aus der Wissenschaft, persönliche Anekdoten, wollen Ihnen unsere Vorbilder für ein gelingendes Reifen und Altern vorstellen und all das, was uns davon selber beschäftigt und betrifft. Wundern Sie sich deshalb nicht, wenn wir neben den Demütigungen beim Brillenkauf und anderen Freuden des Alterns auch Aspekte des Klimawandels und der Nachhaltigkeit ansprechen – es hängt alles miteinander zusammen.

Wir trafen uns bei unseren Müttern, machten Spaziergänge, waren zusammen auf der Kartbahn und meditierten am See, hatten nächtliche Sessions vor dem Computer und standen sehr früh wieder auf, um dieses Buch entstehen zu lassen – so lebendig und lebensnah wie möglich. Wir werfen gemeinsam 99 Jahre Lebenserfahrung in die Waagschale, davon kennen wir uns 20 Jahre, also jeder den anderen zehn Jahre, oder gefühlt ewig, wie das eben so ist, wenn man einen Seelenverwandten trifft. Entstanden ist ein Gespräch über Gott und die Welt, Wissen und Wollen, Mütter und Großmütter und wie man im Alter zufrieden werden kann.

Wir sind und bleiben Ärzte, mit unterschiedlichen Blickwinkeln, Erfahrungen und Expertisen. Wir haben diskutiert, voneinander gelernt, Thesen aufgestellt und wieder verworfen, wir haben uns gestritten und wieder versöhnt, ziemlich beste Freunde eben. Mal fragt der eine, mal der andere. Einig sind wir uns darin, dass die Erkenntnisse der positiven Psychologie in Deutschland noch nicht wirklich angekommen sind. Im Gegenteil sehen wir die Wichtigkeit einer positiven Gestimmtheit, der Aktivierung von Selbstheilung und Eigenverantwortung für die körperliche und seelische Gesundheit in vielen Bereichen der Medizin (und anderswo!) unter die Räder kommen. Dabei bestreitet niemand: Je mehr zufriedene Menschen es gibt, desto besser geht es uns allen. Zufriedene müssen nicht ständig zum Arzt, keine unnötigen Untersuchungen und Pillen in Anspruch nehmen und verbrauchen generell weniger Ressourcen. Denn, kabarettistisch formuliert: Kapitalismus heißt, du kaufst lauter Dinge, die du nicht brauchst, von Geld, das du nicht hast, um Leute zu beeindrucken, die du nicht magst. Der Motor dieses Systems, das auf äußeres statt auf inneres Wachstum zielt, ist die permanente Unzufriedenheit und ein seelischer Hunger, der mit materiellen Dingen nicht zu stillen ist. Um aus diesem kranken Spiel auszusteigen, dass uns und unseren Planeten an die Grenzen der Belastbarkeit gebracht hat, sollten wir uns immer wieder fragen: Was brauchen wir wirklich? Was ist wichtig im Leben? Und wenn wir Liebe, gute Beziehungen und Glück an die erste Stelle unserer Prioritäten und Entscheidungen setzen: Was macht das mit uns?

Ausnahmen bestätigen die Regel, die zweite Lebenshälfte kann und wird nicht für alle die bessere sein. Vor dieser Realität verschließen wir nicht die Augen. Wir sprechen natürlich auch über die unschönen Dinge wie Schmerzen, Depression, Einsamkeit und Schicksalsschläge. Das Thema berührt ganz viele gesellschaftliche Dimensionen, von Pflege über Grundeinkommen und Altersarmut bis zu

Sterbehilfe und politischen Debatten. Das alles zu vertiefen sprengt jeden Rahmen. Unser Fokus liegt auf den Aspekten, die unserer Meinung nach zu kurz kommen, weil sie leiser sind. Von den Stillen, Zufriedenen und Gesunden bekommen wir wenig mit, sie machen weniger Schlagzeilen, erhalten weniger mediale Aufmerksamkeit, aber von ihnen können wir viel lernen. Dieses Buch gibt auf der Grundlage aktueller Forschung unerwartet viel Grund für Hoffnung. Altern ist Lebenskunst!

Sie können mit diesen Ideen Ihr Leben verlängern und vertiefen. Müssen Sie aber nicht. Sie können sich jetzt erst einmal die Zeit mit uns vertreiben und unserem Gespräch folgen. *Was Tobias sagt, ist kursiv.* Eckart bleibt gerade. Sie dürfen sich so viele Gedanken dazu, darüber und um die Ecke machen, wie Sie lustig sind. Und vielleicht stellt sich bei Ihnen wie bei uns klammheimlich eine kleine Vorfreude ein auf das, was da noch kommen mag.

Und wenn Sie ab jetzt aus Überzeugung und Lust auf Ihre persönliche Entwicklung alles im Regal stehenlassen, auf dem fett «Anti-Aging» draufsteht, haben Sie bald viel Zeit und noch mehr Geld übrig, um Ihre «bessere Hälfte» voll auszuleben.

Willkommen zu unserem Buch mit Gleitsicht, Weitsicht und Augenzwinkern!

Ihr

UNSERE SIEBEN THESEN

——————— ———————

Das Alter ist besser als sein Ruf. Was nicht so schwer ist
bei dem Ruf. Halten Sie sich fest: Die allermeisten
Menschen werden in der zweiten Hälfte des Lebens zufriedener! Deshalb nennen wir dieses Buch auch provokant
«Die bessere Hälfte»!

——————— ———————

Wer jammert, der ist nie allein. Ein Teil der Verzerrung: Von
denen, die still zufrieden sind, bekommt man wenig mit.
Aber es gibt sie, und es sind viele. Die Chancen, heute selbstbestimmt älter zu werden, sind so gut wie noch nie. Im
Vergleich zu unseren Großeltern leben wir zehn Jahre länger,
sind im Schnitt gebildeter, gesünder und körperlich fitter.
Und auch reicher. An Geld und Möglichkeiten.

——————— ———————

Die meisten Menschen sind mit 70 besser drauf als mit 17.
Wenn Sie also wissen wollen, wie sich Altern anfühlt, beurteilen
Sie es nicht von außen, sondern reden Sie mit den Leuten, die
wissen, wie es ist, mit 70, 80 oder 90 zu leben. Altern ist kein
Abgesang – Altern ist Leben für Fortgeschrittene.

——————— ———————

Aus Langzeitstudien wissen wir heute viel über die Psychologie
des Alters. Je älter wir werden, desto wahrscheinlicher sind
körperliche Einschränkungen. Was aber ebenso stimmt: Je älter
wir werden, desto unabhängiger wird unsere seelische
Verfassung von der körperlichen. Es gibt auch einen gesunden
Geist in einem nicht ganz so gesunden Körper. Viele unserer
Vorurteile und Ängste sind schlichtweg unbegründet.

Klar gibt es auch viele Menschen, die leiden: Demenz, Krebs, Schmerzen, Depression und Einsamkeit sind die großen «Stimmungskiller» der zweiten Lebenshälfte. Und die Zeit direkt vor dem Tod ist für viele auch nicht schön. Das wissen wir. Die Medizin kann dabei eine neue Rolle spielen: nicht als «Reparaturbetrieb», sondern als Begleiter, Linderer und Ermöglicher.

Mächtiger als die Medizin ist der Alltag. Wir haben mehr Dinge selbst in der Hand, als wir glauben. Wir altern, wie wir gelebt haben. All das, was wir jeden Tag in unseren Köpfen und Herzen tun, bestimmt mit, wie freudig wir auf die bessere Hälfte zugehen. Lebensstil, Engagement und positive Erwartung verlängern nachweislich das Leben! Und das ist gut so, denn das Leben ist oft schön. Und lang. Länger und schöner, als wir denken.

Die Phase zwischen 60 und 85 ist länger als die Kindheit und Pubertät, länger als die Ausbildungszeit, länger, als die meisten Menschen am Stück in einem Job verbleiben – warum ist diese lange Lebensphase für viele ein «schwarzes Loch»? Die zweite Lebenshälfte ist kein Loch und auch nicht schwarz. Im Gegenteil: Diese Zeit kann extrem erfüllend sein, heiter und bunt!

——— ⊙ ———

KAPITEL EINS

Woher das Älterwerden seinen
schlechten Ruf hat

Warum es sich lohnt, uns aus der
Selbsthypnose zu befreien

Und: warum wir jünger werden,
wenn wir uns mit alten Dingen umgeben

——— ⊙ ———

GLEITSICHT UND WEITSICHT

«Werd' ich noch jung sein, wenn ich älter bin?»
KONSTANTIN WECKER

Tobias, ich habe jetzt eine Brille, und ich muss mich wirklich daran gewöhnen.

Immerhin trägst du sie.

Muss ich, sonst kann ich das Kleingedruckte in deinen Studien nicht mehr lesen. Ich dachte immer, ich hätte Luchsaugen, und plötzlich hat der Typ im Brillenladen mir was von einer «Entspannungsbrille» erzählt. Es war schon ein bisschen lustig, wie er auf Teufel komm raus versuchte, das Wort «Gleitsichtbrille» zu vermeiden. Wahrscheinlich dachte er, Gleitsicht klingt nach Kapitulation vor dem Alter. Das war ein guter Verkäufer, der hätte wahrscheinlich auch Kühlschränke an Eskimos verkauft – schon vor der globalen Erwärmung. Aber meine Frage an dich, alte Brillenschlange: Ist die Brille mein Schuss vor den Bug, bedeutet sie, ab jetzt geht es bergab?

Erst mal: Willkommen im Club! Mit meinem Optiker habe ich genau die gegenteilige Erfahrung gemacht. Vor anderthalb Jahren wollte ich eine neue Brille, und dann sagte er zu mir:

«Sie brauchen unbedingt eine Gleitsichtbrille.» Dabei konnte ich wunderbar ohne. Ich sagte zu ihm: «Ich brauche die Brille nur ab und zu im Alltag, beim Autofahren, aber ich kann noch gut lesen ohne Brille.» Doch er blieb dabei: «Sie brauchen eine Gleitsichtbrille, und ich werde es Ihnen beweisen.» Dann maß er meine Sehstärke und setzte noch einen drauf: «Sie brauchen definitiv eine, und überhaupt, Herr Esch, die menschliche Linse ist nicht für ein Alter über 40 gemacht!»

Ab 40 bist du im freien Fall, hat er mir suggeriert, kannst nur noch mit Ersatzteilen und Hilfsmitteln den Status quo halten oder das endgültige Aus hinauszögern. Ein ganz schräges Bild vom Älterwerden. Was ist mit reifen, wachsen und munter durchs Leben gehen? Kein Wort davon, nur die Botschaft: Ab dem 40. Lebensjahr ist biologisch das Ende erreicht – das Haltbarkeitsdatum überschritten.

Dann folgen nur noch ... Siechtum. Treppenlift. Wasserdichte Matratze. Was hast du dem Verkäufer gesagt?

Ich hab ihm freundlich nahegelegt, doch mal an seiner Wortwahl zu arbeiten, denn seine Kommunikation sei demotivierend. Ich erzählte ihm von meiner Zeit an der Harvard-Universität in den USA, wo meine Chefs und Kollegen noch mit 75 und 80 ins Büro gekommen sind, und das blitzgescheit, hellwach und vergnügt. Wenn ich denen erzählt hätte, mit 40 hätten sie ihren Zenit überschritten und jetzt komme nur noch das Verwalten der Mängel, dann hätten die mir einen Vogel gezeigt.

Was macht das mit einem persönlich, aber auch mit der Gesellschaft an sich, wenn wir eingebläut bekommen, dass man ab 40 nur noch auf die Rente hin lebt, alles für den Ab-

gang vorbereiten muss? Kein Kredit, kein großes Projekt, weil sich das Anfangen nicht mehr lohnt oder man den Abschluss vielleicht nicht mehr selbst erlebt. Da gehe ich ja innerlich schon am Stock aus dem Brillenladen wieder raus.

Das Bild, das dein Optiker vom Leben hat, ist tatsächlich sehr verbreitet. Da werden aber oft die Zeit kurz vor dem Tod und die lange Lebensphase davor in einen Topf geworfen. Denn am Ende stehen immer der körperliche Abbau und der Verlust von Fähigkeiten. Dieses Bild überlagert all die guten Jahre. Tatsächlich aber sind wir heute in der Lage, sehr viel länger und gesünder zu leben als jede Generation vor uns. Wir bleiben so lange jung wie nie zuvor, und dieser Trend ist ungebrochen. Bei den heute 90-Jährigen ist die geistige Leistungsfähigkeit höher als die der 90-Jährigen von vor 20 Jahren. Und natürlich sind die heute 90-Jährigen viel fitter als 90-Jährige, die wir selber noch in unserer Kindheit erlebt haben. Aber unsere Vorstellungen, wie ein alter Mensch so ist, werden halt schon sehr früh geprägt. Irrtum. Altern ist heute wirklich etwas ganz anderes. Auch das «Rentenalter». Der Gesundheitszustand eines heutigen 65-Jährigen entspricht in etwa dem eines 55-Jährigen von vor 20 Jahren! So betrachtet ist das Rentenalter nicht auf 63 gesunken, sondern auf biologische 55 Jahre! Das ist doch eine tolle Botschaft! Aber in Deutschland reden wir mit düsterer Miene vom «demographischen Wandel», vom «Methusalem-Komplott», von der «Überalterung der Gesellschaft». Aber die Tatsache, dass wir älter werden, ist doch nicht per se furchtbar. Was wäre denn die Alternative? Früher sterben? Das will ja auch keiner.

Warum reden so wenige öffentlich darüber, wie man

nicht nur dem Leben mehr Jahre, sondern auch den Jahren mehr Leben einhauchen kann? Was für Qualitäten lassen sich über den Lebensbogen aufbauen? Dieser Teil der Geschichte fehlt uns in unserem kollektiven Bewusstsein. Ich bin ja ein großer Fan von Paul Watzlawick, dem mit «Anleitung zum Unglücklichsein» eines der witzigsten Selbsthilfebücher überhaupt gelungen ist. Er hat darin wie kein anderer erklärt, wie wir uns ständig die Realität selber erzeugen, vor der wir eigentlich Angst haben. Wenn man die Nachricht verbreitet, dass das Benzin in einer Stadt knapp zu werden droht, gehen alle Leute noch mal schnell tanken – und dann wird das Benzin tatsächlich knapp. Deine Brillengeschichte klingt für mich auch sehr nach einer solchen selbsterfüllenden Prophezeiung. Gibt es eine Art Selbsthypnose ins Gebrechen hinein?

Ja, die scheint es zu geben. Eine Kollegin von mir, die Psychologin Ellen Langer in Boston, hat beispielsweise untersucht, wie unterschiedlich sich Menschen verhalten, je nachdem, in welcher Umgebung sie sind. Sie nannte das «Versuche gegen den Uhrzeigersinn». Dafür versetzte sie Männer im Alter von etwa 80 Jahren mit Hilfe von Möbeln, Tapeten und Musik in die Zeit ihrer Jugend zurück – in ein Ambiente Ende der 50er, Anfang der 60er Jahre. Tatsächlich blühten viele der älteren Menschen auf, wurden aktiver und beweglicher. Und auch ihr Immunsystem, das Gehör und das Gedächtnis verbesserten sich. Die Männer liefen aufrechter und wurden auch von unabhängigen Beobachtern viel jünger eingeschätzt. Aber vor allen Dingen hatte das neue Lebensgefühl einen Einfluss auf das Befinden: Die Männer waren schlichtweg besser drauf.

Und wie lange hielt dieser Effekt an?

Das hat man nicht im Langzeitversuch getestet. Das ist aber auch für unser Thema gar nicht entscheidend: Vielmehr zeigt uns der Versuch, dass wir durch äußere Faktoren das Gehirn dazu bringen können, Alterungsprozesse zu beeinflussen. Aber das Ziel ist natürlich nicht, nur noch in der Vergangenheit zu leben und uns unsere Jugend vorzugaukeln. Spannend ist aber, dass das prinzipiell ginge.

Muss ich jetzt mein Leben lang Neue Deutsche Welle auflegen? Ob es für mein Wohlbefinden dauerhaft gut wäre, «Da Da Da» zu hören, bezweifle ich. Aber es stimmt: Wenn ich an diese Musik, die Feten und die Tanzstile meiner Jugend denke, sind die Erinnerungen an damals sofort wieder da. – Sag mal, geht das auch in die andere Richtung? Bestimmt lassen sich manche Menschen älter machen, als sie sind – vielleicht, indem man ihnen Gleitsichtbrillen aufsetzt?

Es reicht schon, in eine Umgebung zu kommen, die keine Reize bietet, die fade und trist ist, so wie viele Krankenhäuser und Pflegeeinrichtungen. Da gehst du automatisch am Geländer.

... oder am Stock. Und du denkst: Ach, jetzt lohnt es sich auch nicht mehr, eine neue Langspielplatte zu kaufen. Oder einen Mobilfunkvertrag abzuschließen.

Das war ja mein Punkt bei dem Gespräch mit dem Gleitsichtbrillen-Verkäufer: Wie man auf sich und die zweite Lebenshälfte schaut, macht etwas mit einem. Wer hat bei einer negativen Sichtweise denn noch Lust, ein neues Projekt in

Angriff zu nehmen, ein Häuschen zu bauen, eine Weltreise zu machen oder Italienisch zu lernen?

Ich habe auch was vor: Ich möchte mal all die Bücher über moderne Alternsforschung lesen, die ich mir zur Vorbereitung auf unser Projekt bestellt habe und die sich jetzt auf meinem Schreibtisch türmen. In letzter Zeit ist echt eine Menge geforscht worden auf diesem Gebiet. Aber erst einmal schreiben wir unser Buch fertig ...

Die Chancen stehen gut, dass du noch zum Lesen kommst. Wir alle leben heute viel länger, statistisch zumindest: Vor kurzem sind die aktuellen Zahlen zur Lebenserwartung in Deutschland erschienen, und sie ist erneut angestiegen. Sie beträgt für neugeborene Jungen jetzt 78 Jahre und 4 Monate und für neugeborene Mädchen 83 Jahre und 2 Monate. Eine heute 50-jährige Frau wird statistisch über 80 Jahre alt! Da kommt also noch viel nach dem 40. Lebensjahr! Auch in Bezug auf die Aufgaben, die wir zu erfüllen haben. Es sind für viele von uns, gottlob, wertvolle und wichtige Jahre, die da vor uns liegen. Sicher – nicht für jeden. Altwerden kann aber ganz offensichtlich auch schön sein, etwas, auf das man sich freuen, das positive Dinge beinhalten kann – bei allem Leid und trotz aller Einschränkungen. Zumindest sagen das die Daten unserer Studien und die vielen Interviews, die wir dazu führen.

Und das sind dann wahrscheinlich eher nicht die zeternden Alten hinter den Gardinen oder auf der Straße mit erhobenem Gehstock, die die jüngeren Generationen verfluchen?

Nein, Alter kann auch Reichtum, Wissen, Weisheit, Erfahrung, Würde und Schönheit bedeuten! Und diese positiven Seiten zu betonen und zu leben ist objektiv gesund. Bis hinein in die genetische Ebene. In einer aktuellen Studie wurden Menschen untersucht, die ein genetisch deutlich höheres Risiko für eine Alzheimer-Demenz hatten. Ob es aber zum Ausbruch der Erkrankung kam oder nicht, entschieden zu einem guten Teil die Ängste und Erwartungen, nicht die Gene. Das heißt, obwohl unsere «Werkseinstellungen» reale Risiken mit sich bringen, können wir dennoch wesentliche Teile davon selbst beeinflussen. Und das geht los mit unseren kulturellen Ideen über das Altern: Sind die eher positiv oder negativ?

Was ist denn das für eine Kultur, die positiven Einfluss auf unsere Gedächtnisfähigkeit hat?

Becca Levy, die Autorin der Studie, betont das Gefühl, gebraucht zu werden, sowie Wertschätzung und Freundlichkeit, die älteren Menschen entgegengebracht werden. Erlebt man Menschen, die mit Stress und Belastungen erfolgreich umgehen, kann man auch selbst davon profitieren. Sie geben ein Beispiel dafür, dass Älterwerden fordernd sein kann, aber nicht zwingend überfordernd. Macht sich stattdessen die Angst vor dem Älterwerden breit, beschleunigt das die Alterung.

Ein weiteres großes Thema: der Respekt vor dem Alter. Eine abgedroschene Phrase, aber dahinter stehen harte Fakten.

Ja, respektiert zu werden vermindert ebenfalls Stress mit all seinen negativen Auswirkungen. Chronisch Gestresste sterben früher.

Respekt stärkt auch das Gefühl der Verbundenheit zwischen den Generationen. Ich muss dir von einer Begegnung erzählen, die ich gerade während eines Drehs in einem Gefängnis hatte: Ein Typ, Mitte 20, sitzt ein wegen Drogendelikten und macht intensiv Kraftsport. Ich interviewe ihn, und wir trainieren sogar ein bisschen gemeinsam, was ihn amüsiert. Weil seine Entlassung ansteht, frage ich ihn, ob ich denn Angst vor ihm haben müsse, sollte ich ihm draußen im Dunkeln begegnen. Er lacht und sagt: «Nee, ich schlag keine alten Leute.»

Das war natürlich ein Schlag ins Gesicht. Aber vielleicht auch seine Art, mir gegenüber Respekt auszudrücken. Ich möchte das mal so stehenlassen.

Dann will ich dir die Illusion nicht nehmen. Aber was ich bei meinem Brillenkauf erlebt habe, ist, wie man durch fehlenden Respekt auf seine Gebrechen reduziert wird. In solchen Momenten wird all das Wissen, das ältere Menschen mitbringen, gar nicht gesehen, geschweige denn wertgeschätzt. Der Mangel gerät in den Vordergrund, und die Chance der Verbundenheit und des Voneinander-Lernens ist vertan.

Und man verkauft weniger Brillen ... Ein weiterer Grund für das schlechte Image hierzulande könnte sein, dass ältere Menschen die jüngeren an ihre eigene Vergänglichkeit erinnern – und das macht sie nicht beliebter. Gesellschaften mit einem höheren Anteil von alten Menschen haben häufiger auch ein schlechteres Bild vom Altern. Die Altersforscherin Anna Kornadt sagt: Wenn das Alter nicht mit Gebrechlichkeit gleichgesetzt wird, sondern positiv besetzt ist, bereitet man sich auch finanziell besser auf das Altwerden vor. Das entlastet wiederum die Jungen. Wer spart schon gerne, wenn der eigene Untergang unmittelbar bevorsteht?

Und das heißt nicht, dass die Alten so sein müssen wie die Jungen ...

Ich finde ja Leute tragisch, die meinen, sie müssten Jugendklamotten tragen, um zu überspielen, wie alt sie sind. Dabei sehen sie darin nicht etwa jugendlicher aus, im Gegenteil: Man sieht erst recht, dass das Basecap zu dem faltigen Gesicht nicht mehr so richtig passen mag oder der Hoodie zum gebeugten Rücken – wobei ich die ja auch gerne trage und denke, na komm, eigentlich bist du noch so ein bisschen Student.

Im Sinne des lebenslangen Lernens bist du das ja auch.

Aber muss ich dafür wieder nachts in die Disko oder schlechten Wein trinken?

Ich glaube, dass sich das, was wir unter Glück verstehen, über die Lebenszeit verändert. Das beinhaltet auch, loslassen zu lernen, nicht mehr um jede Sache kämpfen, nicht mehr alles festhalten zu müssen – weder die Jugend noch die Basecaps. Die Fähigkeit unseres Gehirns, sich zu verformen, sodass es Neues speichern und flexibel reagieren kann, nimmt zwar über die Lebenszeit statistisch gesehen ab, aber es ist weniger schicksalhaft als lange angenommen. Für ein junges Lebensgefühl musst du nicht mehr in die Disko gehen oder Fusel trinken. Schon die Erinnerung daran, wie es früher war, verjüngt dich – zum Beispiel, wenn du an den ersten Kuss, die erste Party oder den ersten Rausch zurückdenkst ...

Der dänische Philosoph, der mit «Kierke» anfängt und bei dem ich nie weiß, wie sich die zweite Namenshälfte schreibt oder ausspricht, also, du weißt schon, wer, der sagte: «Leben kann man nur vorwärts, verstehen kann man es nur rückwärts.» Erinnern und Erleben sind nicht dasselbe. Die Erinnerung ist eine Voraussetzung für das Lernen. Gib mir mal ein kleines Fünkchen Hoffnung – erzähl mir, was ich im Alter besser verstehe.

Ältere Menschen haben einen besseren Weit- und Überblick! Zeigt man ihnen zum Beispiel Buchstabenfolgen wie beim Scrabble, entdecken sie sehr viel schneller ein verstecktes Wort als jüngere Menschen. Mit der Erfahrung wachsen so etwas wie Intuition und die Fähigkeit, Muster zu erkennen. Der Ältere kann dann zwar unter Umständen nicht genau erklären, wie er zu seiner Lösung gekommen ist, es nicht rational herleiten, aber oft ist er eben schneller und liegt außerdem richtig. Hirnbiologisch steckt dahinter die Tatsache, dass sich im Alter zwar das Faktengedächtnis verlangsamt und an Präzision verlieren kann, aber der Wissensschatz für Weisheit und Kompetenz – manche sprechen auch von der kristallinen Intelligenz –, der kann sich erhalten und sogar vergrößern. Wir erkennen Regeln besser, finden die Nadel im Heuhaufen oder sehen den Wald trotz der vielen Bäume.

Erkennt man denn auch leichter die Muster im eigenen Leben? Die Verhaltensmuster?

Auch das. Lange endete die Entwicklungspsychologie ja bei der Jugend, man ging davon aus, dass unsere Persönlichkeitsentwicklung dann abgeschlossen ist. Heute wissen wir, dass wesentliche Schritte mit jedem weiteren Jahrzehnt erfolgen – solche, die vielleicht weniger offensichtlich sind als die äußeren Veränderungen der Pubertät.

Ich möchte nie wieder Pickel bekommen! Die Psychoanalyse hat ja lange betont, dass wir uns ein Leben lang daran abarbeiten, wie unsere ersten Lebensjahre verlaufen sind. Dass diese Jahre alles Weitere unausweichlich prägen, ist inzwischen allerdings in weiten Teilen widerlegt. Gott sei Dank. Salopp gesagt: Es ist nie zu spät für eine glückliche Kindheit. Natürlich sind die ersten Lebensjahre wichtig. Aber wie du heute fühlst und handelst, hängt viel stärker davon ab, was du in deinen letzten fünf Jahren gedacht und getan hast, weniger von deinen ersten fünf.

Das stimmt, Entwicklung geht immer weiter. Im Gegensatz zur Unbeständigkeit und Unruhe der Jugend rücken andere Werte in den Vordergrund: Zufriedenheit, innerer Frieden und Gelassenheit.

Da warte ich ehrlich gesagt noch drauf! Wobei, das Gefühl, nicht mehr jeden Trend oder jede Mode mitmachen zu müssen, das habe ich schon heute. Aber natürlich auch ein Gefühl für meine Zipperlein, die nicht mehr so einfach weggehen wie früher. Bei meinen Liveauftritten liebe ich es, das Publikum kurz ins Grübeln zu bringen mit der Frage: Stellen Sie sich vor, Ihr Körper wäre ein Gebrauchtwagen – würden Sie ihn kaufen? Dann denken viele erst mal an äußere Mängel, an Kratzer im Lack, an Gebrauchsspuren. Und einige Männer, die sich für besonders clever halten, denken gleich: Welche meiner Mängel würde ich beim Weiterverkauf lieber nicht erwähnen? Dabei steht unser Körper nicht auf eBay zum Verkauf, wir haben ja nur den einen.

Momentan fühle ich mich allerdings so, als ob mein Marktwert sinkt und ich noch eine Weile durchhalten muss, um als Oldtimer interessant zu werden und eine neue Wertentwicklung mitzunehmen.

Wenn du dich nicht auf jugendliche Ideen von Wachsen, Expansion und Körperlichkeit reduzierst, geht es dir besser. Eben in den kleinen Mängeln und den Falten können auch Schönheit und Erfahrung gesehen werden. Da reift etwas anderes heran, das ein Wert für sich ist – und das es wert ist, von uns gelebt zu werden. Eine Kultur, die das zeigt und uns die alten Menschen nicht vorenthält, würde uns allen helfen, diese Lebensphase, wenn sie ansteht, zu würdigen und selbst erleben zu wollen.

Dann lass uns doch unsere Sichtweisen, Wissensinseln und Wissenslücken zusammenwerfen, denn gemeinsam haben wir 99 Jahre Lebenserfahrung! Wir stellen Udo Jürgens auf den Kopf, der meinte doch: «Mit 66 Jahren, da fängt das Leben an.»

Udo Jürgens hat sicherlich auch beide Seiten, die wir eben besprochen haben, gekannt. Er war wohl jemand, der das Leben genossen und an ihm gehangen hat. «Mit 66 Jahren, da fängt das Leben an» – darin ist natürlich schon ein Wunsch nach Aufbruch und Neubeginn zu spüren, vielleicht auch ein gewisses Festklammern an der Jugend. Gleichzeitig hat Udo Jürgens auch sehr melancholische Texte gesungen: Dass am Ende die Verbundenheit zwischen den Menschen zählt, die kleinen Begegnungen, das Abschiednehmen – all das macht ja gerade die späteren Lebensphasen aus.

In einem seiner letzten Lieder beschreibt er, wie er sich nicht nach New York oder San Francisco sehnt, sondern nach einem Zuhause. Und wie er nach dem Auftritt merkt, wie allein er ist und dass er irgendwo ankommen will. Also, altes Haus – auf nach vorne, damit wir mit dem Buch auch irgendwo ankommen.

Altes Haus, von wegen. Du bist der Ältere von uns beiden! Zwei Jahre!

Okay, ehrenwertes Haus!

KAPITEL ZWEI

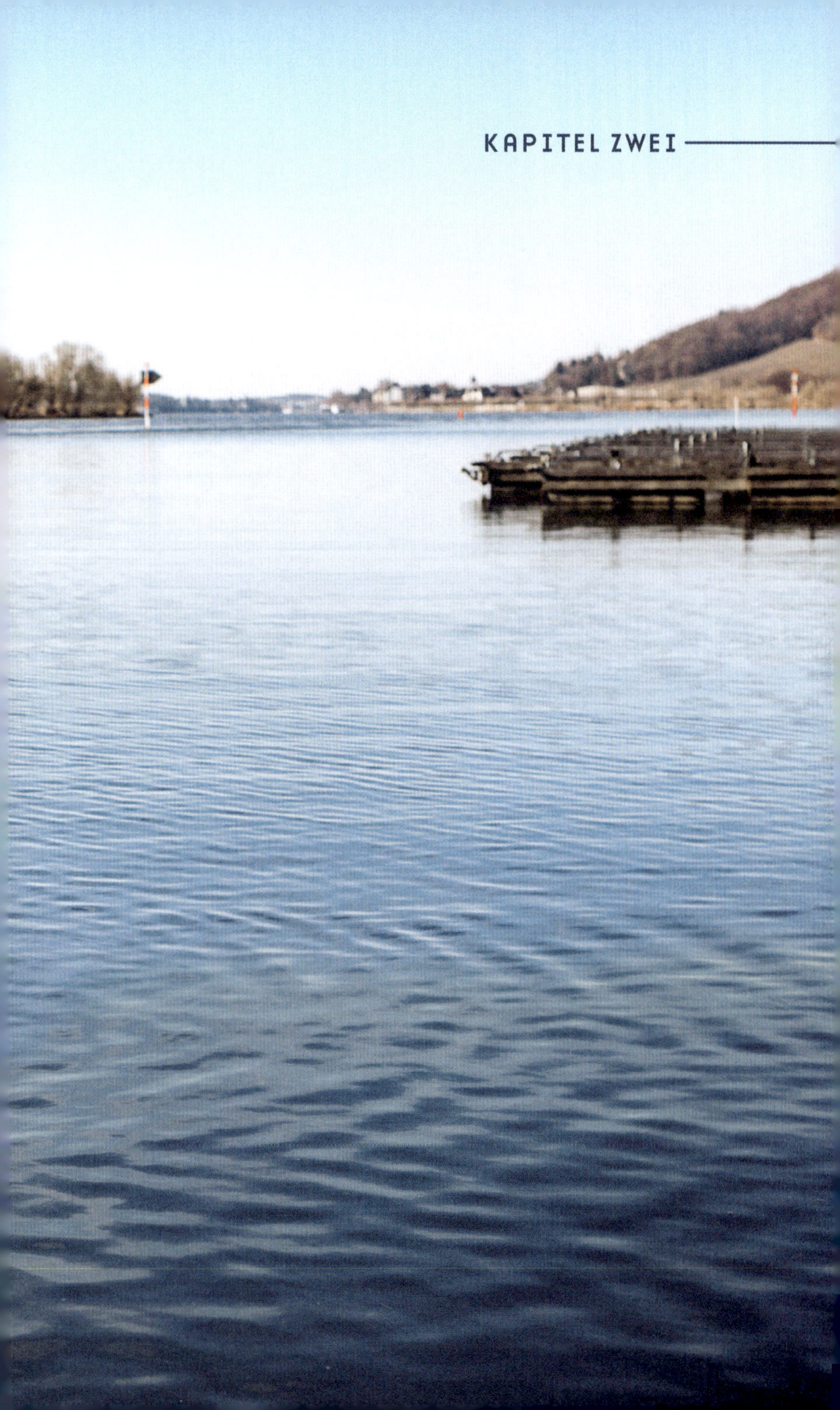

Was die Dichter schon vor den Wissenschaftlern
über das Älterwerden wussten

Was uns die Eltern über das Glück mit
auf den Weg gegeben haben

Und: warum es erst abwärtsgehen muss,
um wieder aufwärtsgehen zu können

WACHSENDE RINGE UND
DAS TAL DER TRÄNEN

«Ich wäre gerne abends mal so müde wie morgens.»
ARNO BACKHAUS

Tobias, ich habe gesehen, bei euch hängt am Kühlschrank
ein Gedicht von Rainer Maria Rilke:
   Ich lebe mein Leben in wachsenden Ringen,
   die sich über die Dinge ziehn ...

Ich werde den letzten vielleicht nicht vollbringen,
aber versuchen will ich ihn.

Was bedeutet dir dieses über 100 Jahre alte Gedicht heute?

Es erinnert mich an meinen Vater. Er ist vor einigen Jahren
gestorben und hat, ohne dass ich das realisiert habe, im
Grunde genommen immer nach diesem Motto gelebt. Jeder
Tag ist ein neuer Ring. Selbst wenn man den allerletzten nicht
zu Ende bringt, ist es dennoch sinnvoll, ihn zu beginnen.
Mein Vater hatte mit diversen Einschränkungen und Behin-
derungen zu kämpfen, die im Laufe seines Lebens deutlich
zugenommen hatten. Zuletzt war er schwer krank. Aber er ist
jeden Morgen aufgestanden und hat den Tag in Angriff ge-
nommen, anstatt sich zu fragen: «Warum soll ich dieses oder

jenes noch tun, lohnt sich das überhaupt?» Natürlich hat er auch Fragen gehabt, Zweifel und Ängste, Angst vor dem Tod. Aber zusammen mit meiner Mutter, die beim Frühstück gesagt hat: «Komm, Gerd, du schaffst das», wurde der neue Ring probiert. Und so starb mein Vater schließlich auch: Das aufgeschlagene Buch von Helmut Schmidt lag noch da, mit seiner Brille obendrauf, als käme er gleich wieder. Obwohl er kaum mehr lesen konnte, hat er wie selbstverständlich immer wieder ein neues Buch angefangen. Ich entdeckte das Rilke-Gedicht, das an unserem Kühlschrank hing und an dem ich jahrelang achtlos vorbeigegangen war, erst kurz nach seinem Tod wieder und war tief berührt. Auf der Trauerfeier habe ich es dann vorgetragen. Das Gedicht war für meinen Vater sehr charakteristisch.

Kurioserweise ist das auch das Lieblingsgedicht meiner Mutter, das wir gerade zu ihrem 80. Geburtstag vorgetragen haben. Dich und mich verbindet vieles, das wir erst nach und nach, auf den zweiten Blick, entdecken. Genauso wie wir bei unseren Gesprächen merken, wie lange uns schon ähnliche Themen umtreiben, innerhalb der Medizin, innerhalb unserer Familien, aber auch bei der Forschung über das Älterwerden, über das Reifen, über das Ringen mit den Ringen. Ich bin ja ein bisschen älter als du …

… biologisch …

… dafür hast du ein paar mehr graue Haare. Die passen zu dir. Meine Schläfen ziehen nach, aber wenn ich jemals auch nur ansatzweise darüber nachdenken sollte, die Ansätze zu färben, hast du hiermit die Erlaubnis, mich daran öffentlich zu hindern. Was uns unterscheidet: Du bist ländlich groß geworden, ich städtisch, du an der Weser, ich an der Spree. Wie hat dich das geprägt?

Von meinem Elternhaus aus konnte man aufs Wasser schauen, auf einen Seitenarm der Weser. Durch sie war er angebunden an die Strömung des Meeres und damit an Flut und Ebbe. Das Besondere, frei nach Heraklit: Man steigt niemals in den gleichen Fluss. Das Wasser kommt immer wieder zurück, aber nie ist es genau gleich. Ich bin aufgewachsen mit diesem Fließen, mit dem Bild des Kommens und Gehens. Man hat immer eine zweite Chance, weil nach Ebbe wieder die Flut kommt. Mein Vater war schon Ende 50, als ich die ersten wirklich tiefen Gespräche mit ihm geführt habe. Er hat zeitlebens, zumindest soweit ich mich erinnern kann, auf meine Frage, wie es ihm gehe, geantwortet: «Ich bin zufrieden.» Mich hat das als Kind, als Jugendlicher wahnsinnig gemacht, weil ich immer dachte: Das kann doch nicht alles sein, das reicht mir nicht, das ist mir zu wenig! Wenn das der Ausblick sein soll aufs Leben, einfach nur zufrieden sein: schönen Dank. Inzwischen bin ich selbst älter geworden und kapiere mehr und mehr: Es könnte etwas dran sein an dieser Zufriedenheit meines Vaters. Und auch deshalb habe ich mich wissenschaftlich mit der Frage beschäftigt, woher sie bei älteren Menschen kommen könnte – wenn sie denn echt ist.

Spannend. Dich hat der Gleichmut deines Vaters aufgewühlt und zur Spurensuche angestachelt. Die Zufriedenheit kam durch die Vordertür. Ich kam auf das ganze Thema Positive Psychologie und Glücksforschung, weil ich privat vor über zehn Jahren sehr unzufrieden war und wissen wollte, was denn die Wissenschaft darüber weiß, was uns wirklich glücklich macht. Und über das Thema sind wir beide uns dann ja auch begegnet. In den USA ist man schon viel länger auf dem Trip, das gelingende Leben ernsthaft zu untersuchen – du warst lange dort, wie bist du da wissenschaftlich vorgegangen?

Ich beschäftige mich schon seit einer ganzen Weile mit dem Gehirn und der Neurobiologie des Glücks. Und was sich dabei herausstellte: Unser Belohnungssystem macht eine Entwicklung durch. Unsere amerikanische Arbeitsgruppe konnte belegen, dass es offenbar eine Verfärbung der Grundstimmung über die Lebensspanne gibt, einen Wechsel der Gestimmtheit hin zu etwas, das wir vielleicht «nach Hause kommen» nennen würden oder «in den Heimathafen einlaufen».

Da merkt man wieder das Hanseatische an dir. Dieser Hafen ist für dich und mich und viele unserer Leser aber noch sehr weit weg. In der Lebensmitte, in der wir uns gerade befinden, herrscht für viele gefühlsmäßig eher Ebbe: Das Wasser entfleucht, die Luft ist raus, das Tempo, an das man sich gewöhnt hat, macht einem zunehmend Mühe – das merke ich auch an mir. Du warst bei meinem 50. Geburtstag dabei. Das war ein tolles Fest. Aber unterschwellig ist einem spätestens nach dem Rausch sonnenklar: Jetzt liegt mehr hinter mir als vor mir. Worauf soll ich mich denn jetzt bitte freuen? Wenn das die Midlife-Crisis ist, hätte ich ja noch mal 50 Jahre. Ich habe die Krise nicht, aber ich bekomme die Krise, wenn mir Leute Zeit stehlen. Mir ist heutzutage viel stärker bewusst, dass Zeit nicht wiederkommt, dass sie sich nicht vermehren lässt und dass mir nur noch eine überschaubare Zahl an Lebensjahren bleibt, die ich «im Saft» stehe. Und daher möchte ich keine unnötige Zeit mehr mit Menschen verbringen, die das nicht respektieren. Wenn es passiert, werde ich heute schneller ungemütlich als früher. In ihrem Buch «Freut euch nicht zu spät» bringt es die Autorin Janice Jakait auf den Punkt: Das zweite Leben beginnt, wenn man begreift, dass man nur eines hat.

Will ich 100 werden? Ist das wahrscheinlich? Gar erstrebenswert? Ich spüre in dieser Lebensphase eher eine riesige Verantwortung als Leichtigkeit. Die Eltern werden alt, und die klassische Logik, dass sie für einen da sind – was man als Kind inhaliert hat und für die selbstverständliche Weltordnung hielt –, die gilt nicht mehr. Plötzlich ist man selbst derjenige, der sich um Menschen kümmern muss, der verantwortlich ist, der den Überblick behalten soll. Da ist keiner mehr, der auf einen aufpasst. Das fühlt sich leer an über einem. Ich erwische mich dabei, dass ich, obwohl ich viel über das Glück und die Zufriedenheit weiß, doch auch solche melancholischen Züge plötzlich an mir entdecke. Ist das normal, Herr Doktor? Komme ich langsam bei mir an, oder werde ich schon depressiv?

Melancholie gehört zum Leben dazu. Wenn wir uns beispielsweise das Glück anschauen, dann sehen wir, dass es gerade in der Jugend oft mit Hochmomenten verbunden ist, in denen einem das Herz scheinbar aus der Brust springt. Man hangelt sich von Glücksmoment zu Glücksmoment. Das sind Momente, die heftig sind, besonders eindrücklich, euphorisch vielleicht, aber eben vergänglich. Das heißt, in jedem Glücksmoment sind Abschied, Vergänglichkeit und Melancholie schon angelegt. Du kannst das Glück nicht festhalten, es rinnt dir durch die Finger. Ein schönes Bild hierfür – ich bin ja mit einer Rheinländerin verheiratet – ist der Karneval. Als gebürtiger Bremer hatte ich zugegebenermaßen am Anfang große Schwierigkeiten, mich mit dem Karneval anzufreunden.

Aber du hast es geschafft, im Gegensatz zu mir.

Ja, und er ist mir ins Blut übergegangen – und noch viel mehr in das Blut unserer Kinder. In der «fünften Jahreszeit» gibt es tolle Tage, du holst darin noch mal Hochmomente, auch der Jugend, zurück. Aber die Melancholie schwingt immer mit: Aschermittwoch kommt – gnadenlos, jedes Jahr. Und dann ist es vorbei.

Schluss mit lustig. Wobei ich es schon immer albern fand, wie einige Leute sich ihre Lustigkeit für die «närrischen Tage» aufsparen, um den Rest des Jahres komplett humorbefreit durchs Leben zu gehen.

Eckart, du protestantischer Preuße! Das wirst du wahrscheinlich nie so richtig verstehen. Stürz dich da doch einfach mal rein! Aber zurück zur Melancholie: Vielleicht erleben wir sie zurzeit stärker, weil sich das Glück über die Lebenszeit verändert. Später tendiert es in Richtung Gelassenheit, Dankbarkeit, Zufriedenheit, doch davor gibt es leider eine Phase, die wir das «Tal der Tränen» nennen – und du befindest dich gerade mittendrin.

Du auch! Ganz viele in unserer Altersgruppe, die viel am Hacken haben in der Lebensmitte, sind mitunter ausgebrannt oder resignieren. Die würden gerne aussteigen oder umsatteln, aber haben nicht die Power für einen Neuanfang.

Zum Glück erlebe ich uns beide nicht als ausgebrannt. Deswegen würde ich für uns beide auch eher von der «Rushhour des Lebens» als vom «Tal der Tränen» sprechen.

Rushhour ist doch Stoßverkehr. Was stößt denn da in dieser Lebensphase alles aufeinander?

Da sehen wir Menschen uns zwischen all den verschiedenen Rollen, Erwartungen und Verpflichtungen eingepfercht – du hast es ja vorhin schon angesprochen. Und wenn wir nicht wüssten, dass da noch etwas Besseres auf uns wartet, dann würden wir tatsächlich in dieser Phase manchmal verzweifeln. Eine Zwischenfrage: Wofür bist du heute Morgen aufgestanden?

Oh, für dieses Buch und für den Blick in die Weite, sowohl physisch hier bei dir auf der Terrasse von deinem Elternhaus als auch metaphysisch, weil ich wissen will, worauf ich mich freuen kann beim Älterwerden. Ich war gerne jung, wenn ich ehrlich bin. Blöd war nur, dass ich immer und überall gefühlt der Jüngste war. Wir waren vier Kinder, und ich lief viel bei meinen beiden älteren Brüdern mit. Ich war schon mit 17 mit der Schule fertig, was damals in Berlin Standard war, und musste auch nicht zum Bund. Ich habe also früh mit meinem Studium begonnen, sodass ich auch da das Gefühl hatte: Eigentlich bin ich immer noch der Jüngste – ich habe noch Puffer.

Hast du als Kind den Puffer um dich herum gehabt, in der Familie, nach dem Motto, die Geschwister sind soundso viele Jahre älter, die sind eher «dran» als ich? Die müssen sich vor mir mit dem Älterwerden beschäftigen?

So weit habe ich da nicht gedacht. Ich war früh mit dem Studium fertig, machte noch ein Aufbaustudium Wissenschaftsjournalismus, immer mit dem Grundgefühl: Das ist nur die Probe fürs Leben. Irgendwann muss doch mal das «echte» Leben losgehen.

Und zack – da ist es schon vorbei.

Es klingt paradox: Aber Komiker sind Menschen, die ernst genommen werden wollen auf eine kuriose Art und Weise. Und eine spielerische Grundhaltung kultiviere ich ja auch, indem ich alle fünf bis zehn Jahre mein Wirkungsfeld ändere. Aber dieses Gefühl, noch einen zeitlichen Puffer zu haben, verbraucht sich so langsam, und ich denke: Scheiße.

Ist das jetzt schon das echte Leben?

Ist das jetzt das echte, oder habe ich es verpasst?

Ja, das ist wie Mister Duffy, der sein Leben lang genau eine Tür neben seiner eigenen lebt, in seiner unmittelbaren Nachbarschaft.

Wer ist Mister Duffy?

Das ist eine Anekdote, die der Meditationslehrer Jon Kabat-Zinn häufig nutzt, wenn er Unachtsamkeit beschreiben will. Von Jon habe ich in den letzten 25 Jahren viel gelernt. Er liebt es, Geschichten zu erzählen.

Ich habe Jon auch kennen- und schätzen gelernt in einem Seminarhaus im amerikanischen Rhinebeck. Unglaublich, was dieser zarte stille Mann international bewegt hat. Er war mal Biologe, hat sich dann mit Meditationsmethoden beschäftigt, die Übungen von ihrem buddhistischen Background losgelöst und der westlichen Kultur geöffnet. Vor 30 Jahren wollte das noch keiner wissen, aber heute reden alle über Achtsamkeit – in der Psychotherapie und anderswo. Jons Training MBSR – Mindfulness-based Stress Reduction – ist inzwischen weltweit der neue Standard geworden.

Ich schätze seinen subtilen Humor, wenn er spirituelles Wissen vermittelt. Jon ist inzwischen 75 Jahre alt, aber hat noch so eine kindliche Freude und den Schalk im Nacken, wenn er Geschichten erzählt. Die von Duffy kommt von James Joyce, da heißt es sinngemäß: «Mr. Duffy lebte um die Ecke von seinem Körper.» Es geht um die Begleitumstände eines Lebens, bei dem man nicht im Kontakt mit sich selbst ist. Mister Duffy wohnte sein ganzes Leben lang ein Haus neben seinem eigenen, dem eigentlichen. Ich glaube, dass es vielen Menschen so geht, dass sie in ihrer eigenen Nachbarschaft wohnen. Knapp danebeneben.

Oder so wie Mister Pief bei Wilhelm Busch, der die Welt immer aus dem Fernrohr betrachtet und sagt: «Schön ist es auch anderswo, und hier bin ich sowieso.» Dadurch ist er eigentlich nie da, wo er ist.

Ja, er ist nämlich weder – noch. Er ist weder dort, wo er hinschaut, denn physisch ist er nun mal hier. Aber hier, wo er tatsächlich ist, ist er auch nicht, weil er mit dem Fernrohr woanders ist. Der Punkt ist doch: Schaffst du es, diese verschiedenen Phasen des Lebens zu leben, alles zu seiner Zeit, so wie es eben kommt? Und den richtigen Absprung oder Abzweig zu finden? Wie der Surfer, der auf einer Welle reitet? Wellenberg und Wellental, immer im Wechsel, um dann, nicht zu früh wohlgemerkt, vielleicht doch zu erkennen, dass die Optionen enger werden? Dass die Wellen abflachen, du dann aber mit einer letzten auslaufenden Woge an den Strand einer hoffentlich wunderschönen Insel surfst, an dem du den anderen beim Wellenreiten zuschauen kannst? Du selbst musst das dann nicht mehr tun. Erinnerst du dich an unsere Rikschafahrt durch München vor einigen Jahren, wo wir auf dem Eisbach und der dortigen Welle die Surfer beobachtet haben? Weißt du noch, wie fasziniert wir von den Silberrücken, den Platzhirschen, waren, den weißhaarigen, verhältnismäßig alten Männern, die die absolute Autorität auf dem Wasser und am Ufer hatten, nur durch ihr Sein und die Ausstrahlung von Weisheit und Erfahrung? Um dahinzukommen, musst du irgendwann dein eigenes Ufer finden. Oder wie Karl Valentin sagt: eine Verabredung mit dir selbst haben – und dann aber auch zu Hause sein.

... und nicht zu spät kommen ...

Und nicht zu spät kommen! Wenn ich eine ... hmm ... Macke habe, dann ist es wohl die, dass ich zwar nicht chronisch zu spät komme, aber ... ich sage mal: «just in time» bin, jedoch nur mit erheblichem Aufwand. Das wäre zum Beispiel mein Ziel für die zweite Hälfte.

Pünktlich zu sein? Da hast du dir ja was vorgenommen. Ich glaube, das werde ich in meinem Leben nicht mehr hinkriegen.

Ich habe dich schon manches Mal aus Zügen und Autos steigen sehen, und dein Hemd war nicht richtig zugeknöpft ...

Was du aber noch nicht gesehen hast, ist, wie ich gucke, wenn ich einen Flug oder einen Zug verpasse. Das ist mir auch schon oft genug passiert. Kennst du noch den Spruch aus den 80er Jahren: Haltet mal kurz die Welt an, ich will aussteigen? Das typische Gefühl unserer Altersgruppe, die sich mit Themen wie Digitalisierung, Globalisierung, Klimawandel und Gefährdung der Demokratie auseinandersetzen muss, ist doch häufig: Ich komme nicht mehr mit vor lauter Veränderungen.

Ich bin überzeugt, dass jede Lebensphase ihre eigene Bedeutung hat. Wir machen oft den Fehler, dass wir die verschiedenen Phasen bewerten, abwerten oder überbewerten und nicht wahrnehmen, welche Aufgabe wir gerade in dieser Phase haben. Jede Phase hat ihren eigenen Rhythmus. Wichtig ist, dass wir nicht immer hinterherlaufen – oder weit vor unserer Zeit da sind. Deswegen ermuntere ich Menschen in meinem Umfeld gerne, den eigenen Puls zu tasten oder die Atmung wahrzunehmen. Ich mache das selbst auch mehrmals täglich, um meinen eigenen Rhythmus zu erfahren, wahrzunehmen, wie ich gerade in diesem Moment ticke. Wichtig ist das Spüren, ohne es zu bewerten. Einfach mal Kontakt zu sich selbst und der inneren Gestimmtheit aufnehmen, sich kleine Inseln schaffen, mitten im Alltag.

Gibt es dafür keine Pulsuhr, keine App? Spaß beiseite, wenn ich dich vorhin richtig verstanden habe, dann folgt das Glück auch einem Rhythmus über die Lebenszeit. Das ist mir neu! Was bisher offenbar übersehen wurde, ist die zeitliche Abfolge der verschiedenen Glücksarten. Glück ist mit 20 etwas ganz anderes als mit 60, verstehe ich das richtig? Bisher kannten wir verschiedene Arten des Glücks, zum Beispiel das Glück des intensiven Genusses von einem Stück Schokolade, einem Kuss oder das Glück, auf einem Berggipfel zu stehen, auf den man sich schwer bepackt hochgequält hat. Und jetzt kommst du und sagst, man solle die Zeit beachten.

Ja, ganz offensichtlich muss es so sein. Und jetzt halte dich fest: So wie du nach der anstrengenden Wanderung den Gipfel anders genießt, als wenn du mit der Seilbahn hochgefahren wärst, so kannst du erst nach der Rushhour, nach der Durchquerung des Tals der Tränen, in den Genuss der Zufriedenheit kommen, die mit dem Alter einhergeht.

Du stellst jetzt eine steile These in den Raum, nämlich, dass es ab der Lebensmitte mit unserer Stimmung wieder bergauf gehen kann. Wie kommst du darauf?

Dafür gibt es tatsächlich viele Daten von vielen Tausenden von Menschen. Das hat mich selbst überrascht, aber inzwischen ist klar: Mein Vater war kein Einzelfall, noch nicht mal die Ausnahme – er war eher die Regel!

Dann nehmen wir mal drei Atemzüge, fassen uns kurz ans Handgelenk, um den Puls zu fühlen, und dann nehmen wir die Leser mit auf die Reise aus dem Tal in ungeahnte Höhen der Zufriedenheit und Gelassenheit. Ich kann es selbst kaum erwarten – und so richtig glauben kann ich es auch noch nicht.

Probier's mal mit Gemütlichkeit!

Erst setzt du mir einen Floh ins Ohr und jetzt noch einen Ohrwurm!

KAPITEL DREI

Wie wir oft nur etwas finden, wenn
wir auch danach suchen

Warum wir gleichzeitig kränker und
glücklicher werden können

Und: warum der Unterschied zwischen
Theorie und Praxis in etwa so groß ist wie der
zwischen Einkaufsliste und Kassenbon

VON DER U-KURVE ZUM ABC
DER LEBENSLUST

«Die Zukunft war früher auch besser.»
KARL VALENTIN

Lieber Tobias, du Mitgefangener im Tal der Tränen, wir Mittelalten haben doch aber auch unsere Glücksmomente! Mach uns nicht älter und trister, als wir sind. Um in meinem Element zu sein und Flow zu erleben, muss ich hoffentlich nicht bis zur Rente und auf die Altersweisheit warten, oder?

Dann nenne ich uns mal die «bald zufriedenen Älteren». Glücksmomente und Zufriedenheit gibt es in jedem Lebensalter. Du hast ja gerade «Flow» erwähnt: das Phänomen, wenn unser Bewusstsein, die ganze Aufmerksamkeit, alles im Moment gebunden ist. Das Ich löst sich auf, es gibt kein Außen oder Innen mehr, keinen Widerspruch mehr zwischen beiden. Das fühlt sich sehr beglückend an. Wir sind auf einer Bewusstseinswolke im Jetzt, ganz da und authentisch in unserem Erleben, einverstanden mit dem, was gerade ist, alles passiert wie von selbst.

So ein Einrasten in der Gegenwart entsteht für mich, wenn ich auf die Bühne gehe: Da bin ich in meinem Element.

Verschiedene Glücksformen kommen dann zeitlich dicht zusammen: Vorher freue ich mich darauf, auch wenn es manchmal stressig ist, rechtzeitig hinzukommen und alle Gewerke auf den Punkt zu haben. Wenn es dann aber losgeht und die Leute mir Rückmeldung geben, indem sie lachen, indem sie zuhören, dann entsteht für mich Magie. Ich kenne kaum Dinge, die schöner sind als das. Und hinterher: tiefe Zufriedenheit und wohlige Erschöpfung.

Da genießt du das jugendliche Publikum-Erobern und die Freude, wenn es gelingt und du die Welle surfen kannst. Ich kenne dich ja schon eine ganze Weile und beobachte, wie sich die Energie im Laufe der Zeit verändert hat. Heute suchst du weniger den schnellen Lacher und wagst dich in deinen Programmen auch an unangenehmere Themen wie Pflegenotstand, Klimawandel oder Rechtsruck.

Stimmt! Ich bin heute zufriedener, wenn ich das Gefühl habe, die Aufmerksamkeit für wesentliche Themen genutzt zu haben, und die Leute trotzdem noch lachen. Und ich mache auch gerne zwischendrin immer wieder Quatsch, Musik oder Improvisation. Aber die schönsten Momente sind für mich inzwischen nicht mehr die lauten, sondern die leisen. Wenn ich merke, dass 2000 Leute mit einem Mal still werden und sich von etwas berühren lassen, dann entstehen in diesem Moment so etwas wie Flow und innerer Frieden.

Komik lebt ja auch immer von der Rhythmik zwischen Spannung und Entspannung.

Kant sagte das sehr treffend: Lachen ist ein Affekt aus der plötzlichen Verwandlung einer gespannten Erwartung in nichts.

Das ist ja fast Zen-buddhistisch! Alles und nichts und du mittendrin. Ich verwende in diesem Kontext gerne das Bild von Yin und Yang, dieses berühmte Kreissymbol mit einer weißen und einer schwarzen Seite, einer organisch gebogenen Linie zwischen den beiden und einem Klecks Schwarz im Weißen und umgekehrt. Es gibt ein Glück der Jugend, und es gibt die leisere Zufriedenheit in späteren Lebensphasen. Natürlich brauchen wir den Glauben daran, dass das eine in dem anderen bereits enthalten ist. Dass prinzipiell zu jeder Zeit in der Unruhe, im Wachsen, im Werden, im Welterobern auch Momente des inneren Friedens gelingen können. Eine besondere Magie entsteht, wenn die verschiedenen Aspekte des Glücks an einem Ort zusammenkommen, wenn alle «Glücksbedürfnisse» fast zeitgleich gestillt werden – von der Vorfreude über die Anspannung bis zur Zufriedenheit. Das ist das «Glück der Fülle», und man muss nicht 65 werden, um es zu kennen.

Erinnerst du dich? Wir haben gemeinsam einmal einen solchen Augenblick erlebt, als wir ein Konzert von Nils Landgren in den bayerischen Alpen hörten, vor einem wunderbaren Panorama. Da entstand so ein Moment, in dem alles passte – ich fühlte eine tiefe Zufriedenheit und empfand Dankbarkeit. Ein magischer Flow. Das kannst du dir nicht kaufen. Wie wichtig sind denn körperliche Befriedigung und Sinnlichkeit für die Zufriedenheit?

Die Kompositionen des Glückes sind neurobiologisch wunderbar aufeinander abgestimmt. Das Verliebtsein, die sexuelle Aktivität, die Lust: Das ist alles Biologie und immens wichtig. Je mehr Vorfreude, je mehr Thrill, je mehr Abenteuer, desto mehr Zufriedenheit danach: Der Flow beim Sex ist gepaart mit dem wohligen Gefühl danach.

Und wie erklärst du dir das?

Die Botenstoffe, die Vorfreude erzeugen, werden auf molekularer Ebene in solche umgebaut, die glückselig machen. Das eine hängt mit dem anderen zusammen. Je mehr Sex, desto mehr Zufriedenheit.

Man meint ja immer, nach der Jugend gehe es mit der sexuellen Aktivität bergab. Ist das denn überhaupt so?

Wenn wir Studien glauben, die sich mit Sexualität beschäftigen, dann gibt es erstaunlich viele ältere Menschen, die noch sexuell aktiv sind – viel mehr, als man so denkt. Die Datenlage ist aber wackelig, da man auf Selbstauskunft der Menschen angewiesen ist, die oft stark verzerrt ist. Außerdem ist Sexualität ja nicht nur Geschlechtsverkehr, das gilt auch bei älteren Menschen.

Die Definition von «gut im Bett sein» ändert sich. Es bedeutet irgendwann: «klaut nicht die Decke und schnarcht nicht». Und das Schönste ist dann, friedlich miteinander einschlafen zu können. Löffelchen!

*Älterwerden bedeutet nicht automatisch das Ende von se-
xueller Aktivität. Rein statistisch nimmt die Wichtigkeit des
eigentlichen Geschlechtsaktes ab, und andere Formen der Sexualität rücken in den Vordergrund: das Berühren, das innige
Zusammensein.*

Irgendwann merkt man, dass Trieb und Drang nicht mehr
Nummer eins sind im Gehirn und anderswo. Auch die körperliche Leistungsfähigkeit, die Muskelkraft, die Ausdauer
nehmen ab. Es gibt diesen schönen Spruch: Die Jungen
können schneller laufen, aber die Alten kennen die Abkürzungen. Leider gibt es manchmal keine Abkürzungen.
Beim 100-Meter-Lauf heißt es: rennen oder nicht rennen.
Und so fühlen sich dann viele aus der nächsten Generation
im wahrsten Sinne des Wortes abgehängt. Ihnen hängt die
Zunge aus dem Hals. Du sagst aber, sie können trotzdem
zufrieden sein? Der Körper hat also objektiv seine Macken,
doch der Geist emanzipiert sich von ihm als Glücksquelle.
Was ist da dran?

*Wir nennen das Phänomen das Zufriedenheitsparadoxon. Es
bedeutet, dass sich eine objektive Verschlechterung der Lebenssituation nicht unbedingt auf die subjektive Bewertung
der Situation – also auf das Lebensgefühl – auswirkt. Ja, es
stimmt, der Körper wird mit zunehmendem Alter langsamer
und gebrechlicher. Allerdings ist das statistisch gesehen gar
nicht so schicksalhaft vorgegeben und frühzeitig, wie viele
Menschen denken. Aber irgendwann kommen die Zipperlein
eben – wir beide kennen sie auch schon. Das Überraschende
dabei: Studien zeigen, dass die Zufriedenheit dennoch häufig
ansteigt! Das erscheint zunächst paradox. Zufriedenheit ist*

aber auch Erwartungsmanagement, das heißt, ich passe die eigenen Erwartungen an die Umstände an: Wenn ich weiß, dass ich mit dem kaputten Knie nicht mehr sprinten kann, dann erwarte ich das auch nicht mehr von mir und freue mich, mit Freunden noch einen ausgiebigen Spaziergang machen zu können. Werden wir älter, tritt die körperliche Unversehrtheit in den Hintergrund, und die Zufriedenheit rückt an ihre Stelle. Die Forschung hat ergeben, dass ein erfülltes Leben dabei beträchtlich hilft: Hat man etwas aus dem Leben gemacht, kann auf etwas schauen, das einen mit Stolz erfüllt, dann nehmen Beständigkeit, Gelassenheit und Dankbarkeit zu. Das eine ist der Lohn für das andere.

Ich fasse mal kurz zusammen. Glück und Zufriedenheit sind dynamisch. Wenn wir älter werden, emanzipiert sich die Zufriedenheit deutlicher von der körperlichen Gesundheit. Der Mensch ist demnach auf Wachstum und Reifung angelegt. Welche Phasen gibt es denn nach deinem Modell für die Entwicklung von Glück und Zufriedenheit?

Es haben sich drei Arten des Glücks herauskristallisiert, die wir über die Lebensspanne hinweg durchlaufen: Glück A, B und C – und sie nehmen ihren Ausgang im Belohnungssystem des Gehirns. Da ist zunächst das jugendliche Glück. Wir nennen es Typ A, das «Glück des Wollens». Das ist die Motivation, etwas erreichen zu wollen, der Appetit und die Vorfreude auf etwas, die Abenteuerlust. Dazu gehören Begierde, Befriedigung – Satisfaction, wie die Rolling Stones das genannt haben.

Sex, Drugs and Rock 'n' Roll?

Ja, Ekstase gehört dazu. Genauso wie Lernen und Kreativi-tät, Probleme und Aufgaben und Herausforderungen sehen, Lösungen finden. Das Typ-A-Glück wird manchmal auch als Hochmoment-, Peak-Moment- oder Mastery-Moment-Glück bezeichnet. Es ist sehr heftig und stark, die meisten kennen es, wenn sie frisch verliebt sind und man meint, dass einem das Herz fast aus der Brust springt. Aber dieses Glück ist vergäng-lich. Es ist nicht dafür gemacht, ein Dauerzustand zu sein.

Ach, schade. Warum denn? Ich will mehr davon.

Hinter diesem Glück steckt auch die Motivation zum Dazu-lernen.

Stimmt, wenn ich denke, ich habe den Höhepunkt schon erreicht, besser wird es nicht – warum soll ich dann noch etwas dazulernen wollen?

Ich soll wachsen, ich soll über mich hinauswachsen, ich soll Freiheit und Autonomie erleben, kribbelnden Situationen be-gegnen, sie natürlich auch erfolgreich bewältigen und dann aber – und jetzt kommt das Entscheidende – sie «merk-wür-dig» finden und das Erlebte abspeichern. So entsteht «the story of my life», meine ganz persönliche Geschichte. Unsere Erfahrung ist ein Schatz, tief in uns, und sie lässt sich über Glücksgefühle wiederbeleben. Glücksmomente brauchen ei-nen Anfang und ein Ende, damit wir uns der nächsten Auf-gabe, dem nächsten Level widmen können. So hangeln wir uns mit Typ A von Ast zu Ast.

Ach, deshalb wirkt das schnell so affig, wenn man sich im jugendlichen Leichtsinn von Kick zu Kick hangelt.

Du warst doch auch mal jung, oder?

Ich bin es noch! Aber ich habe schon ein paar Dinge und aus ein paar Dingen gelernt, die muss ich nicht mehr wiederholen ... Dafür sorgt unter anderem das Dopamin, das sowohl für den Kick als auch für das Lernen zuständig ist. Glück muss biologisch abbaubar sein, um Platz zu schaffen für neues Glück und neue Erfahrungen – denn die Lösungen von heute sind die Probleme und Hemmschuhe der Entwicklung von morgen.

Genau. Wenn wir Typ-A-Glück empfinden, kommt das Signal: Diese Erfahrung muss ich mir merken. Und auch den konkreten Weg, der zu dem Erlebnis geführt hat. Der Hippocampus ist der Bereich des Gehirns, der bei dieser Art Lernerfahrung die zentrale Rolle spielt. Genauso wichtig ist, dass er irgendwann wieder zur Ruhe kommt. Würde er das nicht, wäre unser Gehirn durch die permanenten neuen Erfahrungen überfrachtet. Wenn es die Vergänglichkeit der Erfahrung nicht gäbe, gäbe es auch keine Phasen des Aufbruchs, des situativen Lernens – und des Verarbeitens. Das eben Erlernte würde sofort wieder getilgt werden, wir könnten nichts festhalten und hätten auch keine Lebensgeschichte zu erzählen.

Das heißt, im Verrinnen des Glückes ist angelegt, dass wir festhalten, was wir erlebt haben und was uns bewegt – und dadurch lernen, was uns guttut und was nicht. Mark Twain drückte das mal so aus: «Als ich jünger war, konnte ich mich an alles erinnern, egal ob es wirklich passiert war oder nicht. Aber ich werde alt, und bald kann ich mich nur noch an das Letztere erinnern.»

Wir speichern im Gehirn gesamte Situationen ab. Dazu gehören die konkreten Emotionen selbst, aber auch der emotionale Kontext, also das ganze Drumherum: Mit wem habe ich diese Situation erlebt, wie sah er, sie, es aus, wie roch es, wie hat es sich angefühlt? Das ist die eine Form des Glücks: der jugendliche Aufbruch.

Als ich 17 war, fuhr ich begeistert Interrail und habe Tage und Nächte in Zügen verbracht. Erstens, um das Geld für Übernachtungen zu sparen, zweitens, weil ich es einfach schick fand, unterwegs zu sein, den Kopf aus dem Fenster zu halten und frischen Wind um die Nase zu haben. Einmal bin ich von Portugal nach Schottland gefahren, einfach so, aus einer spontanen Laune heraus, weil ich ja den Freifahrtschein für die Bahn hatte. Heute bin ich lieber an einem Ort, dafür dann aber richtig. Ist das nun Reife oder Bequemlichkeit?

Ich würde sagen: Dein Appetit ist schon etwas gestillt.

Schön. Zurück zu A, B, C. Über Typ A haben wir jetzt ausführlich gesprochen – aber was ist mit Typ B?

Typ B ist praktisch das genaue Gegenteil von Typ A. Während ich mich bei A aufmache, mich zu etwas hinbewege, will ich beim B-Glück lieber weglaufen. Ich befinde mich in einer Situation, die unangenehm, schmerzhaft oder leidvoll ist. Das kann eine Krankheit, ein Konflikt in der Beziehung oder Stress am Arbeitsplatz sein.

Das klingt aber nicht nach Glück ...

Der Begriff Typ-B-Glück beschreibt das Auf- und Durchatmen, den Seufzer, wenn Schmerz, Leid oder Stress eine Pause machen. Wenn ich nach einem anstrengenden Tag endlich zu Hause bin, vielleicht erwartet werde, die Tür hinter mir zumache und das Gefühl habe: Hier kann ich einfach sein – «my home is my castle». Der Glücksmoment ist in diesem Fall die Bewegung weg von etwas, das ich nicht mag. Biologisch geht es dabei um das Entkommen. Glück kommt hier also nicht im Gewand von Ekstase, sondern Erleichterung daher: Schön, dass ich überlebt habe!

Vielleicht ist das auch der Grund, warum manche Menschen bisweilen zu enge Klamotten oder zu hohe Schuhe tragen. Damit bescheren sie sich garantiert einen Glücksmoment am Tag – wenn sie die Tür hinter sich zumachen und die Dinger wieder ausziehen können. Im fortgeschrittenen Alter kann man sich diesen Glücksmoment auch mit Thrombosestrümpfen verschaffen. Schmerz, der nachlässt, ist also besser als gar kein Gefühl?

Ja, für dieses Typ-B-Glück spielen die Stresszentren eine zentrale Rolle. Aber es sind auch andere Botenstoffe und weitere Teile des Gehirns beteiligt. Dazu gehört die sogenannte Amygdala, der Mandelkern, unser Angstzentrum. Da geht es um echte Überlebensmechanismen, um urbiologische Aspekte von Kampf und Flucht, von Alarm und Adrenalin.

Woran merke ich denn, dass ich von Typ A zu Typ B wechsle? Geht das abrupt? Ist das so eindeutig? Gleich alte Menschen können doch sehr unterschiedlich drauf sein. Der eine bleibt Draufgänger, der andere war nie so richtig wild und hatte, schon bevor er jemals einer Band hinterhergereist ist, seinen ersten Bausparvertrag.

Du merkst es an den Beweggründen: Appetit haben oder Aversion empfinden. Hin oder weg. A will hin zu etwas. B will weg von etwas.

Wozu, glaubst du, sind die unterschiedlichen Glückstypen eigentlich gut?

Du brauchst die Vorfreude – Typ A –, um dich aufzumachen, den Anreiz zu empfinden, Herausforderungen meistern zu wollen. Je größer die Aufgabe ist, die du dir gestellt hast, desto größer auch der Stress, der damit verbunden ist – hier kommt Typ B ins Spiel. Die Stresshormone helfen beispielsweise dabei, das Fremde und Unbekannte zu überwinden. Autonomie- und Wachstumsbedürfnis einerseits, Überleben und Absicherung andererseits. Auch Gefühle von Eingebunden- und Beschütztsein spielen hier eine Rolle. Es sind also ineinander übergehende Phasen und keine völlig voneinander getrennten Schubladen.

In der Kinder- und Jugendpsychiatrie hatte ich mit spätpubertären Jungen zu tun, die als Mutprobe S-Bahn-Surfen gemacht haben: in voller Fahrt vor den Tunnels und Brückenpfeilern Tür aufreißen und den Kopf weit raushalten. Keine besonders gute Idee, aber mit Nervenkitzel verbunden und damit attraktiv für Typ A. Das wächst sich aber aus, von ganz alleine. S-Bahn-Surfen ist unter 50-Jährigen überhaupt kein Thema mehr. In dem Alter ist man froh über jeden Sitzplatz. Wer A sagt, muss also auch B sagen. Oder er kann erkennen, dass A falsch war. Oder nicht mehr passt. Aber wie geht es nach B weiter, worauf darf ich mich in der Mitte des Lebens freuen?

Auf eine Menge, aber das versteht die Neurowissenschaft erst seit kurzem. Denn hier kommt die dritte Form des Glücks ins Spiel, das Typ-C-Glück. Es ist das Gefühl, genau richtig zu sein, am richtigen Ort, genau da zu sein, wo ich sein möchte. In dem Zustand habe ich weder Appetit oder sehne etwas herbei, noch habe ich Angst, Aversion oder will etwas vermeiden. Ich will nichts – aber nicht im Sinne von Langeweile oder Lethargie, es ist eher ein innerer Frieden, den ich verspüre, eine Glückseligkeit, Freude, weil alles passt.

Das klingt so ein bisschen nach Erleuchtung und Meditation. Erleben diese C-Variante des Glücks alle Menschen oder nur ausgewählte?

Diese Orientierung zu Typ C, zur Zufriedenheit, ist in uns allen biologisch angelegt. Das ist der Weg, der evolutionär vorgesehen ist. Aber wir sollen den Hafen nicht zu früh erreichen. Stell dir vor, wir wären in der Jugend, wo es um Aufbruch und Autonomie und Freiheit geht, schon satt und zufrieden. Wer würde dann Pläne schmieden, wer würde dann die Welt retten, wer würde dann überlegen, wie wir Menschen den Mars erreichen können? Alles kommt zu seiner Zeit: erst das Ackern, dann das Säen, dann das Ernten.

Auf der Bühne ist für mich «Erntedankfest». Das hat mich 25 Jahre Aufbauarbeit gekostet. Ich denke oft zurück an die Zeit, als ich auf der Straße aufgetreten bin und dann im nächsten Schritt in Mitternachtsshows vor Leuten, die lieber was anderes gesehen hätten als einen angezogenen Mann, der witzige Zaubertricks zeigt. Aber der Erfolg heute wäre nicht gekommen ohne die Ochsentour vorher. Und das macht mich wirklich glücklich und frei, der Gedanke, das alles ohne Subventionen und Werbekampagnen geschafft zu haben, aus eigener Kraft und mit eigenen Ideen. Aber so ganz angekommen beim Typ C bin ich trotzdem noch nicht.

Das wäre auch zu früh. Es ist gut, dass du auf der Bühne stehst und die Show für uns machst, die wir so lieben. Wenn du in Phase C angekommen bist, wirst du eher zum stillen Beobachter, deinem eigenen Zuschauer. Gut, dass man das nicht erzwingen kann. Soll man auch nicht. Die Arbeit daran ist das Leben an sich: Die verschiedenen Phasen des Lebens müssen durchlebt werden, Schritt für Schritt. Und trotzdem gibt es keine Garantie, dass es wirklich so kommt, leider. Man kann seinen eigenen Teil beitragen, dass man auf der Bahn bleibt. Aber es gehört auch Glück dazu – gute Freunde, Familie, Gesundheit und Mediziner oder andere Therapeuten, die helfen, nicht vom Weg abzukommen. Das Leben ist kein Selbstläufer.

In der B-Phase läuft das Leben ja schneller, als man selbst hinterherkommt. Um bei Typ C anzukommen, muss man also nicht noch mehr strampeln, sondern eher loslassen. Was steckt denn hinter dieser Entwicklungsstufe?

Du musstest doch auch mal während des Medizinstudiums Biochemie pauken, ohne dass dir jemand wirklich erklärt hätte, wofür das wichtig sein soll. Dabei steckt in der chemischen Verwandtschaft der Glücksbotenstoffe eine kleine Sensation. Sie sind evolutionär auseinander hervorgegangen, können in die eine oder andere Sorte umgewandelt werden. So ist Dopamin, zuständig für Typ-A-Glück, Vorfreude, Kreativität, Lernvorgänge, auch ein Baustein für körpereigenes Morphium. Dieses wiederum ist für das Typ-C-Glück bedeutsam. Es signalisiert Zufriedenheit und Gelassenheit und ist biologisch zuständig für das Herunterfahren nach aktivierenden Phasen. Morphium reguliert beispielsweise Prozesse im Immunsystem wieder herunter, die durch Stress aufgewühlt worden sind.

Das heißt, der Kick und die Entspannung benutzen sehr ähnliche Moleküle? Das klingt verrückt, wenn man bedenkt, dass man beim Drogenkauf auf der Straße oder beim Medikamente-Besorgen in der Apotheke immer unterscheiden würde zwischen den Mitteln, die aufputschen, und denen, die dämpfen. Der Unterschied zwischen legal und illegal scheint unserem Gehirn vor allem eins zu sein: total egal.

Ich gehöre seit fast 20 Jahren zur neurowissenschaftlichen Arbeitsgruppe meines Freundes und Kollegen George Stefano in New York. Er hat erforscht, wie früh in der Entwicklungsgeschichte der Lebewesen bereits bestimmte Botenstoffe auftauchen. Du findest Morphium bereits bei einfachen Pflanzen, Muscheln und Schnecken. Und bei der Herstellung von Morphium tauchen als Vorstufen Dopamin oder auch Adrenalin auf. Während der Weiterentwicklung zu den höheren

Wirbel- und Säugetieren – und letztlich zu uns Menschen – nahm die Natur diese Bauteile und hat ihnen neue Aufgaben, neue Signalwirkungen gegeben. Glück und Stress zum Beispiel. So wurden aus diesen altbekannten Bausteinen in der Evolution moderne Botenstoffe.

Die Natur arbeitet eben sehr effizient und recycelt, was sie kann. Wir werden nie wissen, wie sich «Glück» und «Zufriedenheit» für eine Muschel anfühlen. Wahrscheinlich kann sie sich nicht so richtig über eine Perle freuen, die ist ihr wahrscheinlich eher lästig. Aber ich mag diese Metaphorik. Das ist mal ein sinnvoller Wertstoffkreislauf!

Verrückt, oder? So hängen die Glückstypen voneinander ab – in der Wirkung wie auch in der Biochemie. Alles ist biologisch verwoben: Wenn wir viel jugendliches Typ-A-Glück in Verbindung mit viel Typ-B-Stress hatten, ist die Chance umso größer, dass später im Leben mehr Typ C entsteht.

Sind das denn Mechanismen, die bei allen Menschen im gleichen Maße vorkommen? Ich habe oft das Gefühl, dass es Leute gibt, die intensiver leben als andere, bei denen also die Ausschläge weiter nach oben, aber auch nach unten gehen. Wie unterschiedlich sind Menschen in dieser Hinsicht? Wir beide sind ja auch schon unterschiedlich.

Es gibt in der Biologie immer eine vorangelegte Tendenz. Das ist so etwas wie unsere Werkseinstellung, das, was uns in die Wiege gelegt ist. Das hat auch mit unseren Genen zu tun, allein die unterscheiden uns. Hinzu kommen Lebensumstände, Kultur, die Familien und Verhältnisse, in die wir hineingebo-

ren werden. In der Summe ist vielleicht die Hälfte der Lebens-
zufriedenheit angelegt, also vorbestimmt.

Gibt es also Leute, die als Phlegmatiker oder Draufgänger
geboren sind und auch so bleiben?

Ja, die gibt es, keine Frage. Grundsätzlich gilt für das Glück:
Das eine sind die Dinge, die uns passieren. Das andere sind die
Instrumente, die wir haben, darauf zu reagieren. Letzteres ist
der Bereich, den wir selbst beeinflussen können: Was kann ich
auch aus einer negativen Erfahrung lernen? Kann ich mal et-
was anders machen, etwas Neues ausprobieren? Mute ich mir
zu, etwas lernen zu wollen? Voraussetzung dafür ist, dass wir
uns vom Sofa bequemen, unserem Belohnungssystem etwas
anbieten, was es gut oder schlecht finden kann. Dann kommt
wieder Bewegung in die Sache – Motivation eben. Leo Tolstoi
hat einmal gesagt, Glück hinge nicht von den äußeren Din-
gen ab, sondern von der Art, wie wir sie sehen.

Wer viel erlebt hat, erntet später viel. Das ist es auch, was
ich an Menschen, die «coole Alte» geworden sind, bewundere. Die haben ganz viel von dieser C-Glückseligkeit und
besitzen die Fähigkeit loszulassen. Nach getaner Arbeit und
einem Glas Rotwein am Abend weiß ich auch schon besser,
was du damit meinen könntest. Aber was sind die Klippen,
was sind die Hürden beim Erreichen dieses Zustands?

Jeder Glückstyp trägt gewisse Risiken und Nebenwirkungen
in sich. Hinter den Formen des Glückes steht zwar ein innerer
Reifungsprozess, aber jede Phase birgt auch die Möglichkeit,
falsch abzubiegen. Die erste Hürde liegt bereits in der Phase

der Jugend: Da kann es passieren, dass ich mich überschätze, dass ich mich oder andere gefährde, dass ich zu große Risiken eingehe und dadurch zum Beispiel Unfälle erleide.

Da muss ich an die Musiker des berüchtigten «Club 27» denken, an Amy Winehouse, Kurt Cobain, Janis Joplin und so weiter. Die sind alle nicht älter geworden als 27 Jahre, haben aber bis dahin geniale Musik gemacht und andere inspiriert, vielleicht gerade weil sie an beiden Enden der Lebenskerze gebrannt haben. Die haben immerhin für etwas gebrannt!

Ein aktueller Fall ist der schwedische DJ Avicii, der mit 28 Jahren gestorben ist. Das hat meine Kinder ziemlich mitgenommen. Alles scheint sich zu wiederholen, von Generation zu Generation. Keine Frage: Diese Lebensphase ist gefährlich. In der mittleren Phase kommt dann als Risiko das Ausbrennen dazu. Wenn Stress dominiert und das Erleichterungsglück fehlt, entsteht ein Burnout. Wenn es ganz akut ist, wenn viel zu viel Stress da ist, kann es sogar zum Blackout kommen: Der Mensch steht auf der Stelle, kommt weder vor noch zurück. Er friert ein. Und auch in der Typ-C-Phase gibt es Hürden, zum Beispiel, wenn die Zufriedenheit so groß und umfassend ist, dass sie umschlägt in Gleichgültigkeit, in Bequemlichkeit und man sich dann vernachlässigt, weil es ja sowieso alles egal ist.

Diesen Zustand erreichen Kiffer ja schon sehr viel früher im Leben. Mit den Jugendlichen, die sich ihre Motivation weggeraucht haben, hatte ich auch in der Kinder- und Jugendpsychiatrie zu tun. Das war alles andere als cool.

Ja, das ist auch eine mögliche Hürde – dass man die Phasen nicht so durchläuft, wie sie biologisch eigentlich vorgesehen sind. Cannabis umfasst noch mal eine andere Gruppe von Botenstoffen, die aber in der Wirkung dem Morphium verwandt sind. Du kannst sie von außen zuführen oder im Hirn selbst bilden.

Die Jugend könnte eine so schöne Zeit sein, wenn sie später im Leben käme! Was mich ja rasend macht. Wenn ich mit ansehen muss, wie viel Zeit Jugendliche totschlagen, weil sie noch keine Ahnung davon haben, dass diese Zeit nie wieder zurückkommt. Und wenn man das ihnen gegenüber äußert, dann heißt es nur: Chill doch mal!

Menschen in der Typ-B-Phase haben das Gefühl, sich ständig verteidigen zu müssen: Man hat in der Jugend viel investiert, Energie und Lebenszeit eingezahlt in das Wachsen, ins Sichentwickeln und Lernen. Auch die Gesellschaft hat investiert, hat einen in der Kindheit beschützt, ausgebildet – jetzt hat sie Anspruch darauf, dass man das Erreichte verteidigt. Und das führt wieder zu Stress, was Typ A ziemlich uncool findet.

Wenn ich Bilder suche, wie sich das ABC-Modell veranschaulichen lässt, dann ist Typ A die Betriebseinstellung unseres Gehirns: aufbrechen und lernen. Typ B ist verantworten und Typ C Kultur weitertragen. In der Phase geben wir an die nächste und übernächste Generation etwas weiter und beraten eher, als dass wir selbst noch aktiv in der Verantwortung sind. Man könnte auch sagen, man startet als Egoist, als Ich. Dann kommt zu dem Ich ein Du, aber erst mal niemand sonst. Wie Verliebte, die sich in die Augen gucken und die Welt vergessen und alle anderen total nerven können. Dann kommt das Wir als Familie.

... aber noch mit einer Mauer um das Haus herum, die die Burg, das heißt die eigene Familie, schützt.

Und dann gibt es Menschen, die ihr Herz noch für Menschen außerhalb der eigenen Burg öffnen. Die nicht nur für den inneren Zirkel der Kernfamilie da sind, sondern auch für die Welt, für Geflüchtete, für sozial Benachteiligte, für das größere «Wir».

Ja, diese letzte Phase des Glücks öffnet das «Wir» hin zu einem größeren, übergeordneten Raum. Da geht es um uns alle. Das Typ-C-Glück beinhaltet daher auch Fürsorge, Gemeinschaft, Verantwortung und Verbundenheit in einem generationenübergreifenden Sinn.

Was ich daran ermutigend finde: Es hat also einen biologischen und einen kulturellen Sinn, dass wir alt werden. Dass wir im Leben erst mal laufen lernen müssen, ist klar. Dann laufen wir eine Weile lang der Zeit, dem Schicksal, der Karriere – und den Kindern – hinterher. Erst kann man die noch einfangen, dann laufen sie einem davon. Wenn wir es gut anstellen, können wir sie und die anderen Dinge irgendwann auch wieder loslassen.

Und dann sagt man: Es läuft.

Im Sinne von: Es reicht, wenn andere sich bewegen, ich lasse es laufen. Ich meine jetzt nicht die Inkontinenz. Apropos, kennst du das Abendgebet der 80-Jährigen? Oben klar und unten dicht, lieber Gott, mehr will ich nicht.

Probier's doch mal mit Beckenbodentraining.

Danke, momentan geht's noch. Ich meine mit «laufenlassen», dass man irgendwann kapiert: Wenn ich ohnehin nichts behalten kann, kann ich auch großzügiger werden. Ich mag die Vorstellung, nach dem Durchhecheln durch die Mitte des Lebens einen Zielpunkt zu haben, auf den man zusteuern kann. Wenn die Großeltern gute Vorbilder sind, weiß man, wie sehr es sich lohnt, selbst ein zufriedener Mensch zu werden. Die Großeltern müssen zwar irgendwann gehen, um Platz zu machen für die Nachkommen, aber vor allem müssen sie erst mal Orientierung geben. Und die bleibt. Ich habe in meiner Familie allerdings auch Großeltern gesehen, die eher bitterer wurden mit dem Alter. Woran liegt das?

Oh ja, die kenne ich auch als Patienten. Bei gleicher Diagnose – die einen garstig-wütend, die anderen akzeptierend. Oder auch optimistisch kämpfend. Natürlich kann man nicht einfach eine rosarote Brille aufsetzen und sagen: «Alles ist gut!» Altwerden braucht Mut und die Fähigkeit, die Dinge, die man nicht ändern kann, zu ertragen. Zum Älterwerden gehören nicht nur die Gebrechen, sondern auch das Verlassenwerden, der Verlust von Autonomie – und der Verlust von ganz konkreten Menschen, seien es Partner oder Freunde. Das ist hart.

So war das bei meiner einen Oma, als sie zum zweiten Mal Witwe wurde und sich doppelt ausgeschlossen fühlte, weil zeitgleich auch noch ihr Gehör schlechter wurde. Das heißt also, dass nicht alle Menschen im Alter zufriedener werden?

Nein, nicht alle, aber die meisten. Für eine aufsteigende Glückskurve gibt es keine Garantie, und es trifft niemanden eine Schuld, wenn es nicht so ist. Ist man schwer krank, dann sind Schuldzuweisungen sicher das Letzte, was man gebrauchen kann oder was einen wieder gesund macht.

Ja. Das wäre zynisch.

Oft haben wir Bilder von Menschen im Kopf, die leiden. Dahinter steckt auch unsere Fähigkeit, Mitgefühl zu empfinden. Aber die leidenden Älteren sind nicht die Regel. Konkret haben wir in unserer Studie 3000 Menschen gebeten, ihren Lebensverlauf zu beurteilen. Dabei kam heraus, dass der Anteil von Menschen über 60, die eher zufrieden mit dem Leben insgesamt sind, gegenüber denen, die eher unzufrieden sind, ziemlich groß ist. Was schätzt du?

Fifty-fifty?

Nein, die Chancen, im Alter zufriedener zu sein, stehen nach unserer Erhebung bei etwa zehn zu eins. In anderen Studien, wie der repräsentativen Altersstudie 2017 vom Institut für Demoskopie Allensbach, sind über zwei Drittel der Senioren – im Alter von 65 bis 85 Jahren – mit dem eigenen Leben völlig zufrieden. Ein sehr positives Bild vom Alter und Älterwerden, finde ich, das sich interessanterweise besonders in Schles-

wig-Holstein zeigt. Es finden nicht alle den glücklichen Weg, aber es sind doch erstaunlich viele, die zufrieden sind. Ist das nicht eine gute Nachricht?

Auf nach Schleswig-Holstein! Aber vielleicht haben die da aus Versehen auch ein paar glückliche Kühe mit erfasst. Ich fasse mal zusammen: Wenn wir uns die Zufriedenheitskurve im Lebensverlauf ansehen, dann hat sie zwei Pfeiler an den beiden Ufern – Jugend und Alter –, und dazwischen gibt es eine Hängebrücke, die Hängepartie der Lebensmitte.

Ja, die Beschreibung passt. Aber es ist sogar noch besser: Statistisch gesehen ist der Pfeiler der Hängebrücke am Ufer des Alters höher als der der Jugend.

Du meinst, ich werde mit 65 noch glücklicher sein als mit 15 oder 35?

Abwarten. Die Chancen stehen gut. Die Enkel und die Großeltern tragen – von der Zufriedenheit her gesehen – die Gesellschaft. Sie sind Ausgangs- und Zielpunkt der «U-Kurve des Glücks». Während die mittlere Generation arbeitet und Häusle baut, stützen die anderen beiden die Pfeiler der Lebenskurve. In der mittleren Lebensphase stecken viele im Tal der Tränen, das ist der Tiefpunkt des «U»: Die Kinder müssen morgens rechtzeitig zur Kita oder in die Schule, alles muss reibungslos funktionieren, aber du stehst im Stau oder in der überfüllten U-Bahn, die Arbeit nervt, zu viele E-Mails, zu wenig Zeit zum Essen oder Bewegen, am Ende des Tages noch in den vollen Supermarkt, während dir die Schwiegereltern am Telefon von den Arztterminen des Tages berichteten ...

DIE U-KURVE DES LEBENS

Oder: Warum sich durchhalten lohnt

Also:

WEITERATMEN UND WEITERLEBEN!

Das Beste kommt noch!

Aber irgendwann muss danach die Phase kommen, wo ich die Schutzschilder wieder runternehmen kann und die nächste Generation an den Start geht. Wenn ich das nicht hinbekomme und weiter im Hamsterrad durchdrehe, statt in den Hafen einzulaufen, entstehen stressbedingte Erkrankungen.

Ich habe in meinem Büro einen Spruch hängen, über den ich immer wieder lachen kann: «Der Hamster hält sein Hamsterrad für eine Karriereleiter.» Der dreht ständig am Rad, buchstäblich, und kapiert nicht, dass er damit nicht vorankommt. Er muss aussteigen, sonst fällt er irgendwann tot um. Und macht dann wahrscheinlich eine Viertelumdrehung. Weißt du, welches Tier sich nach dem Tod noch um 360 Grad dreht?

Nee, keine Ahnung ...

Das Hähnchen!

Bei deinen schlechten Witzen drehen sich wahrscheinlich noch ganz andere im Grab um. Aber du hast ja recht, dass wir bei anderen eher die Vergeblichkeit ihrer ewigen Anstrengungen erkennen als bei uns selbst. Loslassen zu lernen ist schwer.

Es ist ja auch genau das Gegenteil von dem, worauf wir getrimmt sind. Immer schneller, immer höher, immer weiter ...

Für den aufsteigenden Teil der U-Kurve muss ich bereit sein, nicht mehr alles selbst in die Hand nehmen zu wollen, immer der aktive und bestimmende Part zu sein. Die Grundübung unseres Lebensweges ist, vom Aufbruch über das Aufbauen und Bewahren auch den Weg in das Loslassen und in das Sich-mit-den-Dingen-Arrangieren zu finden – am besten verwoben mit anderen Menschen, mit meinem Netzwerk, das mich trägt.

Das klingt schöner als Hamsterrad und Ellenbogen.

Wir alle kennen Menschen, denen es schwerfällt, alt zu werden, sich im Spiegel zu sehen und einfach zu akzeptieren, was sie sind. Das kann für die Person selbst, aber vor allem für das Umfeld, sehr tragisch sein. Ich kann mich noch an Patienten erinnern, die schwer krank waren und schließlich starben und die sich mit Händen und Füßen gegen das Unabwendbare gewehrt haben. Da hatte ein Abschiednehmen gar keinen Platz mehr. Das war für alle Beteiligten beklemmend. Ich will ja nicht behaupten, dass das Sterben irgendwie schön sein muss. Keinesfalls. Es ist jedes Mal schlimm und hinterlässt Trauer, Schmerz und Leid. Aber es gehört eben zum Leben dazu! Und die Biologie hilft uns, wenn wir das Loslassen schon zu Lebzeiten üben, uns in der Typ-C-Phase trainieren – und das wird mit Zufriedenheit belohnt.

Das ist deine Theorie, die ABC-Kurve des Wachstums. Aber ob das nur für Wissenschaftler und ihre Hirngespinste gilt oder auch für eine große Anzahl von Menschen, das will ich wissen. Was passiert, wenn das ABC-Modell von Esch auf die Realität trifft? Bist du bereit?

Ja, aber das ist ein anderes Kapitel!

KAPITEL VIER

Wie wir Zufriedenheit überhaupt messen können

Welche Rolle Geld, Humor und das Alter
für die Zufriedenheit spielen

Und: warum uns rauchende Krankenschwestern
wissenschaftlich nach vorne gebracht haben

KÖNNEN EINE MILLION
FRAUEN IRREN?

«Wir hören nicht auf zu spielen, weil wir älter werden.
Wir werden alt, weil wir aufhören zu spielen.»

GEORGE B. SHAW

Lieber Tobias, das mit den verschiedenen Typen des Glücks –
A, B und C – habe ich verstanden. Aber jetzt mal Butter bei
die Fische: Gibt es dafür wissenschaftliche Belege?

Das war für mich als Forscher eines dieser ganz seltenen, gro-
ßen Aha-Erlebnisse, ein Heureka-Moment, als ich realisierte:
Wow, das Modell, das du dir über Jahre im Labor, auf Konfe-
renzen und im stillen Kämmerlein zusammengedacht hast,
scheint den Nagel auf den Kopf zu treffen. Es funktioniert!

Eins nach dem anderen.

Das neurobiologische Modell von Glück und Zufriedenheit
ist im Laufe vieler Jahre entwickelt worden. Dann, 2014, saß
ich an der Harvard Medical School in einer internen Konfe-
renz. Wir diskutierten im Kollegenkreis die Daten der «Nurses
Health Study», der weltweit größten Langzeitstudie zur Ge-
sundheit von Pflegekräften. Seit 1976 werden zwei Gruppen
von je 120 000 Krankenschwestern beobachtet. Ursprünglich

*waren nur verheiratete Krankenschwestern Teil der Studie,
Mitglieder der «American Nurses Association». Inzwischen
gehören auch Männer dazu und eine weitere Gruppe Frauen.
Die Studie läuft immer weiter! Alle vier Jahre werden die Teilnehmerinnen und Teilnehmer befragt, und deswegen liegen
uns inzwischen Daten aus über 40 Jahren vor, ein großer
Schatz. So viele Menschen über einen so langen Zeitraum zu
verfolgen ist aufwendig, aber auch sehr aufschlussreich.*

Warum werden gerade Pflegekräfte untersucht? Weil es so
praktisch ist, da man sie nicht extra in die Klinik einbestel-
len muss?

*Es ist schwierig, so viele Menschen über lange Zeit im Blick zu
behalten. Aber Gesundheit und Krankheit verändern sich oft
langsam, über Jahre und Jahrzehnte. Da braucht man solche
Studien. Die «Nurses Health Study» nahm ihren Ausgang in
Boston, und wer im Umfeld der Harvard Medical School oder
auch in angeschlossenen Lehrkrankenhäusern arbeitet, weiß
um die Wichtigkeit von Wissenschaft und Forschung und erklärt sich eher bereit, dazu beizutragen. Die Krankenschwestern waren auf jeden Fall von Anfang an sehr hilfsbereit, sich
in den Dienst der Erkenntnis zu stellen.*

*Der auf diese Weise über Jahre entstandene Datenschatz
hat zum Beispiel unser Denken über Brustkrebs, Verhütungs-
mittel und Hormongaben revolutioniert. Dass Rauchen Lun-
genkrebs verursacht, war in den 1960er Jahren bereits offensichtlich. Aber erst durch die «Nurses Health Study» kam man
darauf, dass auch ein Zusammenhang zwischen Rauchen
und der Häufigkeit von Dickdarmkrebs besteht. Genau solche
Zusammenhänge erschließen sich eben erst im Rahmen groß*

angelegter Studien. Im Alltag, wenn man nur einen Patienten vor sich hat, übersieht man sie leicht. Rauchen erhöht zum Beispiel auch die Anfälligkeit für Knochenbrüche.

Ich erinnere mich an die Diskussionen um die Hormonersatztherapie für Frauen in den Wechseljahren. Der Schutz vor Knochenbrüchen war eines der Argumente dafür. Doch erst durch die gesammelte Beweislage aus verschiedenen Langzeitstudien konnte vor wenigen Jahren die Ära beendet werden, in der Frauen leichtfertig Hormone hinterhergeworfen worden sind. Vorher behandelte man die Wechseljahre, als seien sie keine natürliche Entwicklung, sondern eine Krankheit. Die Generation unserer Mütter hat dafür einen hohen Preis gezahlt: mehr Brustkrebs und mehr Herzinfarkte. Heute ist man sehr viel zurückhaltender mit der Hormonersatztherapie und empfiehlt sie nur Frauen, die ernsthafte Beschwerden haben.

Die «Nurses Health Study» war in der Tat einer der wichtigsten Treiber dieser Diskussion.
    Doch zurück zu meinem Heureka-Moment: Ich saß also mit meinen Kollegen in dieser Fallkonferenz, und wir schauten uns erneut die Daten an. Diesmal konzentrierten wir uns auf die Lebensqualität und wie sie sich über die Lebenszeit hinweg verändert. Ein Datensatz zeigte uns, dass körperliche Einschränkungen mit fortschreitendem Alter zunehmen: Ab Mitte 40 sammelt man die Zipperlein oder ernsten Beschwerden.

Stimmt, das ist genau die Zeit, als auch die Beschwerden mit meinem linken Knie losgingen. Damals sagte mir der

Orthopäde, das sei eine Alterserscheinung. Und ich antwortete: «Kann nicht sein, das rechte Knie tut nicht weh, und es ist genau so alt.»

Du bist kein Einzelfall. Das körperliche Wohlbefinden nimmt ab der rechnerischen Lebensmitte für die Mehrheit der Menschen kontinuierlich ab: bei unseren Krankenschwestern nahezu linear, geradlinig. Damals habe ich an unser neurobiologisches Modell gedacht und eine für manche Kollegen wohl überraschende Frage gestellt: Wie sieht denn der Verlauf für das geistig-seelische Wohlbefinden aus? Wie glücklich und zufrieden sind Menschen noch, wenn das körperliche Wohlbefinden abnimmt? Und siehe da: Wir konnten genau den gegenteiligen Verlauf ablesen! Während die körperliche Gesundheit nachlässt, steigt das psychisch-mentale Wohlbefinden an.

Und du bist sicher, dass es sich hierbei um Zufriedenheit handelt und nicht um Resignation? Wollten die Krankenschwestern vielleicht den Wissenschaftlern mit ihren Antworten eine Freude machen? Hatten sie Mitleid mit den Menschen, die alle Kreuzchen auswerten mussten?

Lustiger Einwand, aber glaub mir, die Fragebögen sind schon ziemlich fälschungssicher. Sie sind an vielen unterschiedlichen Menschen getestet und optimiert worden, sodass man wirklich aussagekräftige Ergebnisse bekommt.

Wonach wird konkret gefragt?

Um sich ein Bild von den Einschränkungen zu machen, beziehen sich die Fragen auf typische Alltagssituationen, wie zum

Beispiel: «Haben Sie Mühe beim Heben von Einkaufstaschen, beim Treppensteigen oder beim Staubsaugen?»

Ich stolpere immer über das Staubsaugerkabel – gilt das auch als Einschränkung?

Dein erhöhtes Risiko wird durch die seltene Verrichtung der Tätigkeit wieder ausgeglichen ...

Das wird mir jetzt zu persönlich ... Zufriedenheit ist doch ein innerer Zustand. Wie lässt sich der objektiv erheben?

Es gibt verschiedene Möglichkeiten: Ich kann körperliche Werte messen, beispielsweise die Glücksbotenstoffe und deren Abbauprodukte im Speichel oder im Blut. In der MRT-Röhre oder mit einem EEG kann ich das Gehirn der Versuchspersonen beobachten und schauen, wann das Belohnungszentrum aktiv wird. Und ich kann die Menschen auch direkt befragen und sie ihre Zufriedenheit selbst einschätzen lassen, zum Beispiel mit Hilfe eines Fragebogens. Dort geben sie unter anderem an, wie zufrieden sie auf einer Skala von 0 bis 10 oder von 0 bis 100 sind. Das sind inzwischen wissenschaftlich etablierte Messinstrumente.

Was wäre eine typische Frage? «Wie zufrieden sind Sie auf einer Skala von 0 bis 10?»? Antworten dann nicht die meisten: «Irgendwie so zwischen 6 und 7»?

Nein, ganz so ist es nicht. Eine klassische Frage wäre: «Wenn Sie auf Ihr Leben schauen, wie zufrieden sind Sie mit Ihrem bisherigen Leben auf einer Skala von 0 bis 10?»

Bei der «Nurses Health Study» wurde konkret gefragt: «Wie oft waren Sie in den vergangenen vier Wochen glücklich?» und «Wie sehr haben Ihre körperliche Gesundheit oder Ihre seelischen Probleme in den vergangenen vier Wochen Ihre normalen Kontakte zu Familienangehörigen, Freunden, Nachbarn oder zum Bekanntenkreis beeinträchtigt?», aber auch: «Wie oft waren Sie in den vergangenen vier Wochen ruhig und gelassen?»

Wo stündest du im Moment auf der Zehnerskala?

Im Moment würde ich mich bei einer guten 7 einordnen.

Echt? Was fehlt dir für die 10?

Na ja, die ersten körperlichen Macken, die nicht mehr weggehen, habe ich schon auch, das Aufstehen fällt mitunter schwer. Das ist manchmal blöd. Ruhephasen muss ich sehr aktiv einplanen, sonst kommen sie zu kurz. Ich arbeite wohl insgesamt etwas viel – sagt meine Frau. Wenn ich dann in den Spiegel gucke, sehe ich, dass sie recht hat: Ich zahle einen Preis. Ganz schön doof eigentlich, aber selbstgewählt, also selbst schuld! Und bei dir?

Dummerweise kann ich mich sofort an ein paar ärgerliche Momente in den letzten vier Wochen erinnern. Für die stillen Glücksmomente muss ich in einen anderen Teil meines Gedächtnisses abtauchen. Aber es gibt sie! Und ich habe mir angewöhnt, in dem jeweiligen Moment ein Foto zu machen, wenn es geht. Das hilft mir, mich auf die schönen Dinge konzentrieren zu können. Das ist wie ein Glückstagebuch:

Die Stimmung hebt sich, wenn man täglich drei gute Dinge aufschreibt – oder in meinem Fall fotografiert. Wenn ich darüber nachdenke, bin ich in den letzten vier Wochen auch bei 7, mit Schwankungen auf 4, wenn ich Stunden durch die Bahn oder das Flugzeug zu spät komme – oder wenn ich einen Zug verpasse, weil ich mich auf die Verspätung verlassen habe. Was nun, Tobias? Jetzt haben wir beide ja doch die «7» als unseren Zufriedenheitswert angegeben.

Klar, solche Momente können einem die Laune verhageln, aber die spannende Frage ist: Für wie lange? Deshalb fragen wir in den Untersuchungen auch: «Wie glücklich sind Sie jetzt?», und vergleichen die Antwort dann mit der Lebenszufriedenheit in der übergeordneten Perspektive. Im Lebensverlauf.

Wenn ich gerade Zahnschmerzen habe oder mit dem Auto einen Auffahrunfall hatte, bin ich sehr unglücklich in dem jeweiligen Moment – erkenne aber durchaus, dass ich selbst in dieser Situation eigentlich zufrieden sein kann, zum Beispiel über meine Krankenversicherung und Zahnärzte, über die Haftpflichtversicherung oder dass ich bei dem Unfall unversehrt geblieben bin. Meinst du das?

Jein. Es geht gar nicht so sehr um Sicherheiten oder eine gute Versorgung. Es gibt doch die legendäre Szene beim Film «Schuh des Manitu», wo Christian Tramitz als «Ranger» neben Bully Herbig als Indianer am Marterpfahl steht und sagt: «Ich bin mit der Gesamtsituation unzufrieden.»

Das ist ja inzwischen ein geflügeltes Wort geworden – aber eigentlich verwechselt er das momentane Unglück mit der Gesamtsituation.

Ja, genau – witzig, nicht? Das ist alles andere als banal, denn wenn man Menschen darauf hinweist, können sie sehr wohl die beiden Betrachtungsebenen von «Moment» und «Gesamtschau» unterscheiden. Glück und Zufriedenheit liegen am Anfang des Lebens unmittelbarer beieinander, sie sind eher das Gleiche. Über die Lebensspanne hinweg gesehen emanzipiert sich die Zufriedenheit allerdings vom Glück.

Was heißt das für die Medizin, für die ärztliche Praxis? Was macht es für einen Unterschied, wenn mich der Arzt standardmäßig fragt: «Wie geht's?» – und ich eigentlich sagen will: «Grundsätzlich gut, aber gerade eben nicht, sonst wäre ich ja nicht hier!» Eine dumme Frage?

Nein – meine Forschungsgruppe und ich sind klar der Meinung: Man kann im selben Moment unglücklich und zufrieden sein. Das klingt wie ein Widerspruch, deshalb wurde das bisher auch kaum differenziert. Wir glauben aber, dass dieser Unterschied für die Medizin enorm wichtig sein kann. Ärzte sollten ihre Patienten fragen: «Wie glücklich sind Sie jetzt?»

Und sollten Ärzte dann nicht auch gleichzeitig fragen: «Wie zufrieden sind Sie mit Ihrem Leben?»

Unbedingt! «Wie geht es Ihnen jetzt gerade, wie zufrieden sind Sie grundsätzlich – und was ist Ihnen wichtig im Leben?» Die Antworten zeigen uns sehr genau, wer im Moment ein Problem hat, aber an sich im Großen und Ganzen mit dem Leben zufrieden ist. Dann weiß ich als behandelnder Arzt, dass ich mich nur um das konkrete Problem kümmern sollte.

Ich muss aber auch diejenigen Patienten erkennen, die sagen würden: «Momentan ist es eigentlich ganz okay, aber ich bin mit meinem Leben insgesamt unzufrieden. Das sind die Menschen – gerade die älteren –, bei denen wir beispielsweise auch an Depressionen denken müssen. Hier sind wir als Mediziner und Therapeuten gefordert, um die Leitplanken der Lebenszufriedenheit wieder freizulegen.

Auf diese Leitplanken und die zu vermeidenden Abgründe wie eine Depression kommen wir ja noch ausführlich zu sprechen. Und auch auf die medizinische Ausbildung, in der diese psychologischen Themen bislang überhaupt keine Rolle gespielt haben. Die Idee etwa, Patienten auch nach dem Glück im Moment und der Lebenszufriedenheit zu fragen, höre ich bei dir zum ersten Mal.

Das ist auch wirklich erst in den letzten Jahren aufgetaucht. Eines unserer Forschungsprojekte heißt «Glück in der ärztlichen Praxis» – GAP. Da geht es um die Arzt-Patienten-Beziehung und die Frage, was dazu führt, dass niedergelassene Hausärzte und ihre Mitarbeiter abends nach einem vollen Praxistag zufrieden ins Bett fallen – oder eben nicht. Das hat viel mit den Umständen, aber wohl auch mit der Persönlichkeit zu tun. Darüber wollen wir mehr erfahren und die Ergebnisse dann in die Lehre und Ausbildung zukünftiger Hausärzte einfließen lassen.

Und was macht eine hohe Arbeits- und Lebenszufriedenheit in der ärztlichen Praxis aus?

Unsere Studien laufen noch. Aber was schon jetzt deutlich wird: Die ersten Momente der Kontaktaufnahme entscheiden mit darüber, wie die Patienten sich später fühlen und wie schnell sie wieder gesund werden. Und das gilt, wie wir heute wissen, nicht nur für die niedergelassenen Ärzte, sondern auch in der Notaufnahme.

Ihr wollt Chirurgen Empathie beibringen? Die sind doch gerade Chirurgen geworden, weil der Patient unter Narkose wenig Widerworte gibt.

Das Schlimme an Klischees ist ja, dass sie oft ein Quäntchen Wahrheit enthalten. Aber es gibt fraglos sehr mitfühlende und zugewandte Chirurgen. Und für die anderen gilt: Empathie kann man trainieren.

Das klingt zunächst esoterisch, aber eigentlich leuchtet das sofort ein: Ein Arzt muss als Erstes einen guten Draht zum Patienten aufbauen. Und er selbst sollte auch zufrieden sein, Hoffnung und Ruhe ausstrahlen.

Und genau das wollen wir an die zukünftigen Generationen weitergeben. Gott sei Dank hat sich in dieser Hinsicht ein bisschen was getan in den letzten 20 Jahren.

Das ist wie beim Humor: Viele glauben, dass man ihn hat oder eben nicht. Aber wie bei vielen psychologischen Fähigkeiten lässt sich ein guter Teil davon lernen, üben und durch

Feedback verbessern. Stell dir vor, an der Universität Münster müssen sich jetzt alle Medizinstudenten im Rahmen der Psychosomatik auch mit Humor beschäftigen. Das hätte man vor 20 Jahren noch müde belächelt. Heute ist klar, dass Humor einer der großen Schutzfaktoren der Seele ist, für Patienten und Behandelnde zugleich. Und wenn man Humor verlieren kann, kann man ihn ja auch wiederfinden. Allein schon, wenn jeder Arzt wüsste, was wertschätzender und was abwertender Humor ist, wäre schon etwas gewonnen.

Das musst du mir jetzt mal erklären.

Es ist ein großer Unterschied, ob man jemanden auslacht oder gemeinsam lacht. Die «kalten» Formen des Humors wie Zynismus, Sarkasmus und Ironie sind ja weder herzerwärmend noch entspannend.

Zynismus ist heute sogar als ein eigener Risikofaktor für Herz-Kreislauf-Erkrankungen anerkannt.

Am besten merkst du das am Nachgeschmack: Ist der bitter, oder fühlt man sich nach einer humorvollen Bemerkung oder einer absurden Situation leichter und befreiter?

Wenn es um Lebenszufriedenheit geht, trägt Humor einen großen Teil dazu bei. Das ist gut belegt. Für mich ist es auch ein Zeichen der persönlichen Reife, ja von spiritueller Weisheit, dass man über sich und das Leben lachen kann. Ich mag ältere Menschen, die ihre Narrenfreiheit ausleben, die zu ihren Verrücktheiten stehen, die unangepasst sind, weil sie niemanden mehr beeindrucken müssen und das

Leben genießen. Vielleicht gibt es aber auch schnödere Erklärungen.

Liegt die Zufriedenheit in der zweiten Lebenshälfte nicht auch daran, dass man in der Regel materiell abgesicherter ist als in jungen Jahren?

Wir wissen heute, dass Geld für das Glück schon eine Bedeutung hat, vor allem für die Sicherung der Grundbedürfnisse. Wir wissen aber auch, dass der Zugewinn an Lebenszufriedenheit durch mehr Geld immer kleiner wird. Es kommt zu einer gewissen Sättigung. Die Verbundenheit und das Reifen, also das Älterwerden an sich, treten an diese Stelle. Das sehen wir deutlich auch bei einer anderen aktuellen großen Studie aus Großbritannien – der «Million Women Study».

Eine Million Frauen?

Ja! Man hat sie über mehrere Jahrzehnte begleitet. Und dabei hat sich wieder gezeigt, dass einer der verlässlichsten Faktoren für Glück und Zufriedenheit das Alter selbst ist. Je älter die Frauen werden, in der Studie ab 60, desto glücklicher sind sie. Natürlich spielen auch andere Parameter eine Rolle: Nichtrauchen, Bewegung, Glaube, Partnerschaften und Gruppenaktivitäten. Das ist alles wichtig.

Was ist mit der Bildung? Normalerweise sehen wir in der Medizin immer einen engen Zusammenhang zwischen höherer Bildung und besserer Gesundheit.

In der «Million Women Study» war eine bessere Ausbildung überraschenderweise kein Faktor für höhere Lebenszufrie-

denheit. Meistens korreliert mehr Bildung auch mit höherem Einkommen. Wir sehen also in den Studien an verschiedenen Stellen, dass die klassische Annahme – mehr Bildung und mehr Geld sind gleichbedeutend mit einer höheren Zufriedenheit – so nicht zutrifft. Zufriedenheit steht für sich und ist weniger daran gebunden, dass ich materiell im Wohlstand bade. Dieses Wohlbefinden ist eher ein innerer Wohlstand.

Das sind ja sensationelle Ergebnisse. Viele Menschen meinen, dass man der Jugend nachtrauern müsse. Aber das stimmt so gar nicht.

Wir erleben in unseren Medien natürlich oft ein schräges, häufig abschreckendes Bild vom Alter. Die zufriedenen Alten sind leise, fallen nicht so auf, sie gehen seltener zum Arzt. Sie sind auch für die Wirtschaft und damit für die Werbeindustrie nicht so interessant, weil sie weniger verbrauchen, weniger beanspruchen.

Und sie sind ein harter Schlag für die Anti-Aging-Industrie. Denn was passierte mit all den unsinnigen Produkten, wenn Menschen keine Angst mehr vor dem Älterwerden hätten? Momentan boomt der Markt ja noch, weltweit.

Aber jetzt sag einmal, diese großen epidemiologischen Studien zur Zufriedenheit sind alle nicht in Deutschland entstanden, sondern in England und in Amerika. Was ist mit uns Deutschen? Ich habe es in meinem Programm mal etwas salopp so formuliert: In unserer Nation haben wir ein zusätzliches Hirnteil zum Frontallappen und zum Seitenlappen, den Jammerlappen. Wir Deutschen wollen doch gar nicht zufrieden sein.

Das stimmt so pauschal zum Glück nicht. Seit 1984 gibt es bei uns das «Sozioökonomische Panel», abgekürzt SOEP. Hierfür werden jedes Jahr dieselben 12 000 Haushalte befragt, die repräsentativ für die deutsche Gesellschaft stehen. Bei der Befragung geht es unter anderem um Einkommensverhältnisse, Mobilität und Gesundheitsfragen, aber eben auch um die Zufriedenheit. Die Ergebnisse zeigen auch hier wieder ein Tal der Tränen in der Mitte des Lebens und einen Anstieg der Zufriedenheit danach.

Ich wollte die Zusammenhänge noch besser verstehen und habe eine eigene Studie aufgesetzt, die ESH-Datenbank mit inzwischen etwa 3000 Teilnehmern. ESH steht für «Experiences of Salience and Happiness». Wir haben die Probanden unter anderem gefragt: Wie glücklich sind Sie jetzt? Wie zufrieden sind Sie mit Ihrem Leben? Welche Dinge sind Ihnen am wichtigsten im Leben? Auch hier wieder genau das gleiche Bild.

Sind denn da nach den Krankenschwestern und einer Million Engländerinnen jetzt auch endlich mal Männer mit dabei?

Ja, und es gibt Hoffnung für unser Geschlecht!

Fakt ist doch: Wir leben immer noch deutlich kürzer als die Frauen.

Ja, aber jetzt halt dich fest: Etwa ab dem 60. Lebensjahr überholen wir Männer die Frauen, was den Grad der Lebenszufriedenheit angeht.

Auf den letzten Drücker! Wahrscheinlich sind wir einfach genügsamer. Bescheidener. Oder sterben die Unzufriedenen und Griesgrämigen einfach früher? Vielleicht, weil sie davor nicht gesund gelebt haben und schwer krank geworden sind? Das würde erklären, dass die zufriedeneren Männer übrig bleiben.

So einfach ist es nicht, denn unter den Zufriedenen sind nachweislich auch viele Ungesunde. Die Gleichung «unzufrieden = ungesund = früher tot» oder «zufrieden = gesund = langes Leben» funktioniert so nicht. Die Angelegenheit ist etwas komplexer, aber ganz durchdrungen hat man sie noch nicht.

Bestimmt haben auch die traditionellen Rollenbilder etwas damit zu tun, die vermeintlichen «Pflichten», was «Mann» heute alles glaubt leisten zu müssen, die Risiken, die er meint eingehen zu müssen. Vielleicht auch mehr Konkurrenz untereinander, das Buhlen um Anerkennung – das ist alles ziemlich stressig. Und Männer erlebe ich auch eher als Einzelkämpfer und weniger stark als emotionalen Ruhepol einer Familie.

Ja, und dann gibt es noch die biologischen Unterschiede: die Gene und die Hormone. Alles spielt hier mit hinein. Aber Männer, die es so weit – bis ins Alter – geschafft haben, werden dann offenbar überproportional belohnt – mit höherer Zufriedenheit.

Trotzdem muss man diese Zahlen mit Bedacht interpretieren: Da Männer im Schnitt ohnehin nicht so alt wie Frauen werden, sollte man sie im Alter nicht einfach nur nach dem kalendarischen Alter beurteilen und vergleichen.

Warum fragen wir andere Menschen gerne nach ihrem Alter? Weil es so leicht zu erheben ist. Gleichzeitig sagt das Alter wenig darüber aus, wie viel Zeit seit der Geburt eines Menschen verstrichen ist. Viel interessanter ist die Frage: Wie viel Zeit bleibt mir noch? Viele tun sich ein Leben lang schwer mit ihrem Alter. Die ersten zehn Lebensjahre kann man seinen Geburtstag kaum erwarten. Vorschulkinder glauben sogar, dass sie nur an ihren Geburtstagen älter werden. Ähnlich naiv denken manche reifere Frauen, wenn sie glauben, sie würden einfach NICHT älter, wenn sie ihren Geburtstag nicht feiern. Es herrscht in der Frage des Älterwerdens nach wie vor eine gewisse Doppelmoral: Bei Männern gelten die weißen Haare als «seriös», als «weise» oder als distinguiert und erfahren. Dagegen ist die Kombination «Frau und Alter» bis heute in einigen Berufen von Nachteil, gerade in der Medienbranche. Auch bei der Pflege von Angehörigen sind Frauen aufgrund ihrer Lebenserwartung benachteiligt. Sehr viel häufiger pflegt eine Frau einen Mann als umgekehrt. Männer haben oft jemanden, der für sie da ist. Und ist die Frau dann pflegebedürftig, ist der Mann schon tot, und die Töchter müssen ran.

Stimmt, das ist ungerecht. Es gibt bis heute traditionelle und einengende Rollenverteilungen. Wir haben Männer wie Frauen nach ihren zentralen Lebensmotiven gefragt, und da überwiegen doch die Gemeinsamkeiten. Die Gesundheit ist zwar für beide Geschlechter bedeutsam, aber eben nicht «alles». Und mit eingeschränkter Gesundheit ist offenbar auch nicht «alles nichts». Selbst wenn man nicht gesund ist, ist da oft noch «etwas», sehr viel sogar, und auch das Glücksgefühl verschwindet nicht einfach: Über die Zeit macht sich die Zu-

DIE HISTORISCHE LEBENSTREPPE DES DEUTSCHEN MANNES

DAS STUFENALTER DES MANNES.

Eine typische Darstellung um 1900, die bis heute unser Denken prägt. Der 50-jährige Mann hat den Höhepunkt seines Lebens erreicht, und der Greis ist wieder auf der Stufe des Kleinkinds angelangt. Auffällig ist: Das Leben hält nach dem Zenit keine bedeutenden Ereignisse mehr bereit. Übrigens: Die Treppe für Frauen sah damals auch nicht besser aus.

—— GEBURT ——

—— 10 JAHRE ——
Zehn Jahre alt, die schönste Zeit,
Ein Knab' voll Glück und Fröhlichkeit.

—— 20 JAHRE ——
Mit zwanzig Jahr, den schmucken Freier
Beseelt das erste Liebesfeuer.

—— 30 JAHRE ——
Mit dreissig sieht er voll Entzücken,
Auf Weib und Kind mit Liebesblicken.

—— 40 JAHRE ——
Mit vierzig Jahr am Ziel der Bahn,
Ohn' Furcht er sagt's ist wohlgethan.

—— 50 JAHRE ——
Mit fünfzig Jahr gibt's Stillstand,
Er prüft was kommt und was entschwand.

—— 100 JAHRE ——
Und dann, wenn hundert Jahr vorbei,
Bet' er, dass Gott ihm gnädig sei.

—— 90 JAHRE ——
Mit neunzig schwach, gebeugt und lahm,
Das morsche Leben ist nur Gram.

—— 80 JAHRE ——
Mit achtzig Jahr das Haar gebleicht,
Des Lebens Tag zur Nacht sich neigt.

—— 70 JAHRE ——
Mit siebzig muss der Stock zur Hand,
Als Graukopf wandelt er durch's Land.

—— 60 JAHRE ——
Mit 60 Jahren, sagt die Welt,
Der Weg schon mächtig abwärts fällt.

friedenheit von der Gesundheit unabhängig! Und das gilt so-
wohl für Frauen als auch für Männer.

Das mag ich, dass Körper und Geist unabhängig werden. So
wie Jefferson 1776 Amerika aus der Abhängigkeit der Briten
gelöst hat, erkläre ich mit 50 Lebensjahren 2018 zum Jahr
meiner geistigen Freiheit. In der amerikanischen Unab-
hängigkeitserklärung wird für jeden Bürger «the pursuit of
happiness» garantiert. Das ist nicht gleichbedeutend mit einem Rechtsanspruch auf Glück, vielmehr wird jedem Amerikaner das Recht zugestanden, sein Glück zu suchen und zu
«machen». Und das mach ich jetzt auch – trotz Rücken, Knie
und oft grummeligem Magen.

Und du hast den längsten Teil der U-Kurve noch vor dir! Bis 90
hast du noch 40 Jahre! Es gibt passend dazu eine aktuelle Stu-
die aus der Universität Erlangen-Nürnberg. Der Altersforscher
Professor Frieder Lang hat bei 125 mindestens 90-Jährigen un-
tersucht, wie es denen im Alltag geht. Die Ergebnisse wurden
unter dem Titel vorgestellt: «Selten gesund, oft zufrieden. Die
Lebensfreude der munteren Alten». Und sogar 90-Jährige be-
sitzen eine hohe Lebenszufriedenheit, obwohl die Studienteil-
nehmer im Schnitt sechs Medikamente einnahmen und zwei
Drittel von ihnen mehr als fünf Diagnosen besaßen.

Die hohe Zufriedenheit liegt nicht an den Medikamenten?
Vielleicht nehmen alle heimlich irgendwelche stimmungs-
aufhellenden Psychopharmaka?

Nein, du Skeptiker. Auch die Heidelberger Hundertjährigen-
Studie hat gezeigt, dass die Lebenszufriedenheit im Alter

*hoch ist und sich darüber hinaus bei den «jungen Alten» im
Alter von 65 bis 79, den «alten Alten» von 80 bis 95 und den
«Hundertjährigen» kaum unterschied. Die Hundertjährigen
waren sogar noch zufriedener als die «alten Alten» ...*

Weil der Bürgermeister gratulieren kommt? Mit einem gewissen Grad an Vergesslichkeit lebt man ja auch viel stärker
wieder im Moment und vergleicht sich nicht ständig mit
seinem früheren Ich. Wofür unsereins morgens meditieren
muss, das schafft der Hundertjährige von ganz allein.

*Dieser innere Raum, dieses Selbst, wie Andreas Kruse, der Ge-
rontologe aus Heidelberg, sagt, entspricht dem Teil in uns,
der in seiner Essenz nicht erkranken kann. Diese Essenz wird
vielleicht demaskiert, freigesetzt, sichtbarer, wenn wir älter
werden.*

Okay, viele Studien, die alle das gleiche Ergebnis bringen –
die Datenlage ist überzeugend. Aber was ist mit denen,
die aus dem Rahmen fallen, die im Tal der Tränen hocken
bleiben oder durch Krankheiten und Schicksalsschläge an
dieser positiven Gesamtentwicklung nicht teilnehmen? Die
gibt es ja auch und nicht zu knapp.

Deshalb widmen wir ihnen das nächste Kapitel.

KAPITEL FÜNF

Warum Stress, Depression und Schmerzen
echte «Stimmungskiller» sind

Warum wir häufig von Minderheiten mehr hören

Und: wie Menschen durch Schicksalsschläge
über sich hinauswachsen können

AUS DER KURVE

«Ich sing für die Verrückten.
Die seitlich Umgeknickten ...»
HANNS DIETER HÜSCH

Vielleicht geht es einigen Lesern so wie mir: Deine Theorie und die Studienlage klingen zu schön, um wahr zu sein. Ich kenne viele Menschen, deren Zufriedenheitskurve in der zweiten Lebenshälfte nicht nach oben ging. Menschen, die aus dem Tal der Tränen direkt in das Tal der Traufe kamen. Sind das alles Ausnahmen von deiner Regel? Das glaubst du doch wohl selbst nicht!

Das Leben kann hart sein. Das bestreite ich keine Sekunde. Aber unsere Daten sprechen dafür, dass für die Mehrzahl der Menschen gilt: Die zweite Lebenshälfte ist die zufriedenere. Nur hört man von denen wenig, darüber haben wir ja auch schon gesprochen.

Stimmt, mit der Schlagzeile «Mehrheit der Deutschen über 50 sind mit ihrem Leben zufrieden» lässt sich keine Auflage machen und kein Blumentopf gewinnen.

Die Unzufriedenen schreien einfach lauter.

Evolutionär gesehen ergibt es sogar Sinn, sich auf das Negative zu stürzen. Es gab sicher auch im Neandertal glückliche Gemüter, die sich ganz achtsam über ein Gänseblümchen freuen konnten. Nur hat die als Erste der Säbelzahntiger gebissen. Von denen stammen wir nicht ab! Wer sind unsere Vorfahren? Die Miesepeter aus der Höhle, die Zögerlichen, die Ängstlichen, die Juristen der Steinzeit.

Einspruch! Das klingt schnell so, als wären wir für das Unglücklichsein geboren – und das stimmt Gott sei Dank so nicht. Alles kommt zu seiner Zeit. Im höheren Alter gewährt uns die Natur durchaus Zufriedenheit. Das ist wie ein Versprechen an die ganze Sippe, dass es sich lohnt, zu überleben und zu reifen. Das Beste kommt zum Schluss.

Fast. Also bis kurz vor Schluss. Aber was kann denn vorher noch so richtig schiefgehen?

Bleiben wir erst mal bei unserem Gehirn, noch konkreter bei unserem Belohnungssystem. Darin kann schon mal etwas durcheinandergeraten und die Zufriedenheit beeinträchtigen. Im gesunden Zustand signalisieren uns die Botenstoffe die verschiedenen Arten von Glück, Erleichterung und Zufriedenheit. Wird das System gestört oder erkrankt es dauerhaft wie beispielsweise bei einer Depression, gerät der Mensch in eine emotionale Schieflage.

Und Depressionen sind häufig! Jeder kennt wohl in seinem Umfeld Menschen, die phasenweise krankhaft schwermütig sind.

Depressionen treten so häufig auf, dass sie fast «normal» sind. Jeder Fünfte hat in seinem Leben selbst damit zu tun, bei den meisten ist es nur eine vorübergehende Phase. Und die allermeisten werden wieder vollständig gesund, wenn sie die richtige Diagnose und eine moderne Behandlung bekommen. Diese beruht auf drei Säulen: strukturierten Gesprächen, Medikamenten und alltagstauglichen Übungen wie Achtsamkeitstraining für die Selbsthilfe.

Ich kenne auch «Opfer» der Therapie, die mit über 70 und nach 40 Jahren Psychotherapie immer noch Erlebnisse ihrer Kindheit «aufarbeiten» wollen und die deiner Theorie der U-Kurve so gar nicht entsprechen. Aber da kommen neben einer familiären Neigung zur Depressivität noch andere Umstände dazu.

Die häufigsten «Killer» der Zufriedenheit sind chronischer Stress, chronische Schmerzen und soziale Isolation. Der Verlust von Selbständigkeit ist ein großer Einschnitt.

In den letzten Jahren ist das Bewusstsein in der Ärzteschaft langsam gestiegen, dass seelische Faktoren wie Feindseligkeit, Depressivität und Einsamkeit knallharte Risiken für das Herz-Kreislauf-System darstellen – du hattest das ja auch schon angedeutet.

Wir brauchen andere Menschen wie die Luft zum Atmen, sie sind Nahrung für die Seele. Außerdem leiden wir, wenn wir den «Sinn im Leben» verloren haben oder uns selbst nicht mehr spüren können. Aber versuch das mal auf den Krankenschein zu schreiben! Da machen wir Ärzte und Therapeuten es uns oft zu leicht und diagnostizieren eine «Anpassungsstörung». So als ob der Mensch selbst nicht mehr passe.

Unser Kollege Manfred Spitzer hat das Thema «Einsamkeit» gerade eingehend beschrieben und vergleicht den Effekt des unfreiwilligen Alleinseins mit einer Schachtel Zigaretten. Salopp formuliert: Wenn keiner fragt: «Haste mal Feuer?», wird es einem auch mit einem Glimmstängel nicht warm ums Herz.

Man merkt, dass du nie geraucht hast, du Poet des Passivrauchens.

Nehmen denn die seelischen Erkrankungen in der zweiten Lebenshälfte zu oder ab? Was ist mit der ominösen «Altersdepression»?

Unter Altersdepression versteht man eine Kombination von Symptomen wie Schmerzen und schleichenden Stimmungsschwankungen. Auslöser können Veränderungen im Gehirn, aber auch äußere Umstände sein: der Verlust des Partners oder enger Freunde, der Wegzug der Kinder oder die Verrentung. Mit der Altersdepression steigt auch das Suizidrisiko.

Bei Suizid denkt man ja eher an verzweifelte Jugendliche. Aber Fakt ist, dass keine Altersgruppe sich so oft umbringt wie die über 70-Jährigen. Wie erklärst du dir das?

Wunder Punkt. Beim Thema Suizid versammeln sich ganz unterschiedliche Vorgeschichten. Verzweiflung, Einsamkeit und Depressionen spielen eine Rolle. Hinzu kommt, dass viele ältere Menschen selbstbestimmt über ihr Ende entscheiden wollen, manchmal auch, indem sie nichts mehr essen und trinken oder lebenserhaltende Behandlungen ablehnen.

Aus meiner Arbeit mit der Stiftung Depressionshilfe weiß ich, dass Depressionen auf sehr komplexe Weise mit anderen Krankheiten zusammenhängen; zum Beispiel kann sich eine Demenz mit depressiven Symptomen ankündigen. Und umgekehrt haben depressiv verstimmte Menschen Mühe mit dem Kurzzeitgedächtnis, weil wir Emotionen brauchen, um Dinge abzuspeichern. Umso wichtiger, dass man sich an Neurologen, Psychiater oder die Ambulanzen der Kliniken wendet.

Ja, unbedingt. Nicht zuletzt auch deswegen, weil es nun einmal unterschiedliche Formen von Depressionen und Demenzen gibt. Ohne spezifische Expertise auf diesem Gebiet ist das selbst für Ärzte mitunter schwer auseinanderzuhalten.

Als Faustregel habe ich mal von dem Arzt und Versorgungsforscher Wolfgang Hoffmann gelernt: «Wenn jemand sagt: ‹Ich kann es nicht›, und kann es dann doch, ist er eher depressiv. Wenn er sagt: ‹Klar kann ich das›, und kann es dann nicht, liegt eher eine Demenz zugrunde.»

Man kann Läuse und Flöhe haben, und nicht immer ist klar, was zuerst da war. Auch chronische Schmerzen, unter denen viele ältere Menschen leiden, ziehen die Stimmung in den Keller. Heute werden einige Antidepressiva auch in der modernen Schmerztherapie eingesetzt, und wir wissen inzwischen, dass bestimmte Mittel gegen Entzündungen einen stim-

mungsaufhellenden Effekt haben. Wir beginnen gerade erst zu verstehen, dass hinter vielen ehemals getrennt betrachteten Krankheiten eine gemeinsame neurobiologische Grundlage zu stehen scheint.

Wie passt das alles zu deiner These der besseren Hälfte?

Wichtig ist, dass die beschriebene Zunahme von Depressionen im Alter fast ausschließlich dem Anstieg der leichteren Formen geschuldet ist. Im Alter sind schwere Depressionen seltener als bei jungen Erwachsenen. Passend dazu zeigen aktuelle internationale Studien, dass die Krankheitshäufigkeit für psychische Erkrankungen bei Älteren insgesamt geringer ist als bei Jüngeren – mit Ausnahme der Demenzen.

Und bei allen Erkrankungen gibt es verschiedene Schweregrade. Das habe ich eindrücklich erlebt, als ich für eine Reportage zur Versorgung auf dem platten Land in Mecklenburg-Vorpommern recherchiert habe. Ein Arzt in der Praxis kann seinen Patienten noch so aufmerksam untersuchen und befragen – ob er zu Hause allein zurechtkommt, zeigt kein Labortest an. Eine auf die Versorgung von Demenzpatienten spezialisierte Krankenschwester, Ulrike Kempe, erzählte mir: «Als ich neulich zu einer Patientin kam, stand da eine Dose weißer Bohnen auf dem Teppich. Als ich sie warnte, nicht darüber zu stolpern, lachte sie nur und meinte, die habe sie extra dahingestellt, damit sie dran denkt, über die Kante darunter einen großen Schritt zu machen.» Vergesslich, aber nicht doof. Und auch nicht automatisch hilflos.

*... und eben auch nicht automatisch trübsinnig! Die Fähig-
keit, trotzdem Wohlgefühl und Freude am Leben zu empfinden, bleibt nämlich ganz oft erhalten. Es ist kein Entwe-
der-oder-Prinzip.*

Was mir bei dem Thema in den Sinn kommt, sind die vielen
Medikamente, die alte Menschen oft einnehmen. Das ist gefährlich, denn ab drei verschiedenen Wirkstoffen weiß keiner mehr, wie sie miteinander in Wechselwirkung treten. Es
gibt ein im wahrsten Sinne «heilloses» Durcheinander von
verschreibungspflichtigen, frei verkäuflichen Mitteln aus
der Apotheke, und dazu kommt noch so manches aus den
Drogerien und Versandhandlungen. Je älter Patienten sind,
desto häufiger entstehen Überdosierungen, weil die Leber
die Stoffe langsamer abbaut oder die Niere sie nicht schnell
genug wieder loswird. Gerade Beruhigungsmittel vom Typ
Benzodiazepine werden millionenfach verschrieben, weil
sie erst einmal so schön ruhig und schläfrig machen. Der
Schlaf wird aber nicht erholsamer, und obendrein leiden
Koordination und Muskelkraft. Plötzlich kann die Teppich-
kante Lebensgefahr bedeuten: Weil der Herzspezialist auch
noch die Wassertabletten verordnet hat, müssen die alten
Menschen nachts raus, und zack! – ist mit dem Sturz auf die
Hüfte das Leben in den eigenen vier Wänden vorbei.

*Viel zu wenigen Ärzten ist die sogenannte PRISCUS-Liste
bekannt, eine Art «Giftliste» fürs Alter. Da stehen potenziell
ungeeignete Medikamente für ältere Menschen drauf – nicht
nur die Schlafmittel, sondern auch typische Mittel gegen
Herzschwäche, Diabetes, Bluthochdruck, Osteoporose oder
die Folgen eines Schlaganfalls.*

Als ein Onkel von mir mit schwerem Parkinson zum Sterben auf eine Pflegestation kam, wurden alle seine 20 Medikamente langsam abgesetzt. Und nach einer Weile fühlte er sich wieder viel besser – kein Witz.

Inzwischen gibt es wenigstens einen bundeseinheitlichen Medikationsplan, in dem alles notiert werden soll, was ein Patient einnimmt, egal ob auf Rezept oder frei verkäuflich. Das wird höchste Zeit, denn grob geschätzt geht bald jede zehnte Krankenhauseinweisung auf die Wechselwirkungen und Nebenwirkungen von Medikamenten zurück. Ungefähr die Hälfte dieser Fälle wäre vermeidbar, wenn Ärzte beim Verordnen sorgfältiger wären – und die Patienten sich dann wiederum mehr Mühe gäben, sich an die Verordnung zu halten.

Ich kenne im Familienkreis allerdings auch eine Unterversorgung mit Medikamenten, weil es in der Generation unserer Eltern noch als Tugend gilt, Schmerzen auszuhalten. Da kannst du dir den Mund fusselig reden, dass man Schmerzmittel gerade am Anfang hoch dosieren muss, damit der Schmerz weggeht, bevor er chronisch wird.

Die Patienten müssen mehr eingebunden werden. Wir haben in Harvard das «OpenNotes»-Projekt untersucht, bei dem Patienten online Zugang zu allen Informationen haben, die sie betreffen – sogar zu den Karteikarteneinträgen der Ärzte. Die Forschungsergebnisse sind eindeutig: Durch die völlige Transparenz, den freien Zugang zu den eigenen Daten und Dokumenten, wissen Patienten deutlich besser über ihre Gesundheitslage Bescheid und beteiligen sich verstärkt am

Behandlungsprozess. Das ist wichtig, denn viele Patienten neigen dazu, die Verantwortung für ihre Genesung an die Ärzte abzugeben. Auch die Arzt-Patienten-Beziehung und das gegenseitige Vertrauen verbessern sich bei der Nutzung von «OpenNotes» stark – und die Medikamente werden auch zuverlässiger eingenommen. Eine echte Win-Win-Situation.

Die Medikamente, die am häufigsten bei uns genommen werden, sind Schmerzmittel. Das ist eine Krux: Die einen, die es bräuchten, nehmen zu wenig davon, die anderen zu viel, weil sie denken: «Viel hilft viel.» Manche schlucken Aspirin, Ibuprofen & Co. wie Smarties. Und die wenigsten wissen, dass zu viele Schmerzmittel wiederum Kopfschmerzen verursachen können. Für viele ein unnötiger Teufelskreis.

Selbst wer keine Schmerzen hat, leidet oft trotzdem, unter anderem, weil die Menschen so viele negative Erwartungen und Ängste vor dem Älterwerden haben. Das sorgt für Stress, und Stress macht auf Dauer krank.

Davon sind besonders Mütter von chronisch kranken Kindern betroffen. Die haben permanent Stress, weil sie oft allein gelassen werden – von den Partnern und von der Gesellschaft.

Ja, das ist der sogenannte Caregiver-Stress. Auf Deutsch gibt es dafür noch nicht mal ein passendes Wort. Aber dieses Gefühl kennen alle, die sich Tag und Nacht um kranke Angehörige kümmern, und das meist ohne Wertschätzung oder Erholungsmöglichkeiten.

Das dürfen wir bei der ganzen Diskussion um Pflege in Deutschland nicht vergessen: Die größte Gruppe im Gesundheitswesen sind die pflegenden Angehörigen. Was die leisten, könnte sich keine Krankenkasse oder Pflegeversicherung leisten. Ihre Arbeit ist ein Vielfaches der Milliarden wert, die überhaupt in die Pflegeversicherung eingezahlt wurden.

Apropos Geld und Stress – was einen ebenfalls aus der Zufriedenheitskurve werfen kann, ist Armut! Wir hatten zwar vorhin gesagt, dass mehr Wohlstand nicht zwingend für größere Zufriedenheit sorgt. Wenn ich aber in meiner Existenz bedroht bin, ist das natürlich etwas anderes, das geht an die Substanz. Wer nicht weiß, ob er in der Wohnung bleiben und die Strom- und Heizungsrechnung bezahlen kann, der kämpft im Alltag um das Überleben. Und wenn der Kühlschrank nichts als Toastbrot und billige Margarine hergibt, dann ist das eine Schande für ein so reiches Land wie unseres.

Und wenn dann keiner zu Besuch kommt und du dir das Katzenfutter für Miezi nicht mehr leisten kannst, dann weißt du wirklich nicht mehr, wofür du morgens aufstehen sollst. Dazu kommt die Verbitterung über die mangelnde Anerkennung für die eigene Lebensleistung. Ausgerechnet die Generation, die sich für das «Wirtschaftswunder» krumm gemacht hat, wird jetzt von einigen schräg angeschaut, wenn sie das hart ersparte Geld für eigene Zwecke verwendet, statt es zu vererben. Puh, doch alles nicht so rosig. Statt der Gleitsichtbrille haben wir gerade die Schwarzseherbrille auf, mein Freund.

Es soll keiner sagen, wir würden hier Schönfärberei betreiben.
Es gibt die vorzeitigen Todesfälle, Unfälle, Schicksalsschläge
und die unheilbaren Krankheiten. Es gibt viel Leid. Und es gibt
in jedem Jahrgang etwa ein Fünftel der Menschen, die aus der
Bahn geworfen werden oder sich abgehängt fühlen, sei es me-
dizinisch, psychologisch, sozial oder spirituell.

Jetzt bin ich aber gespannt, wie du wieder die Kurve zu deiner U-Kurve kriegen willst!

Alles hat mindestens zwei Seiten. Als wir anfingen, an dem
Buch hier zu arbeiten, verstarb der geniale Physiker Stephen
Hawking. Was mich an ihm tief beeindruckt hat, war seine
Haltung gegenüber seiner chronischen und unheilbaren
Nervenerkrankung. Er sagte: «Denkt daran, in die Sterne zu
sehen – und nicht auf eure Füße. Es gibt immer etwas zu tun
und darin gut zu sein.»

Wenn jemand, der praktisch keinen Muskel seines Körpers
mehr willentlich ansteuern kann, so viel positive Energie
und kluge Gedanken hat, wird man selbst mit seinen eigenen Mühen und Wehwehchen ganz leise. Bei aller Kritik am
Medizinbetrieb darf man nicht übersehen, dass sich vieles
verbessert hat. Wenn wir heute so viele Menschen mit Krebs
und Alzheimer in unseren Familien kennen, dann ist das
eigentlich ein gutes Zeichen. Das soll nicht zynisch klingen,
denn es bedeutet Fortschritt und zeigt: Du bist nicht zuvor
an einer anderen Krankheit verstorben. Krebs und Demenz
sind für die allermeisten Menschen Alterserscheinungen.
Welche Durchbrüche der Medizin hast du miterlebt?

*Da fallen mir zuerst die Impfungen ein. Viele der Infekti-
onserkrankungen, die wir beide noch als Studierende erlebt
haben, gibt es heute praktisch nicht mehr. Wir haben ja auch
Narben von der Pockenimpfung – heute sind die Pocken aus-
gestorben.*

Durch Infektionskrankheiten wie Diphtherie, Polio, Teta-
nus oder Masern, gegen die wir heute impfen können, sind
die Generationen vor uns frühzeitig aus dem Leben geschie-
den. Ich habe als junger Medizinstudent in der Neurologie
noch Spätfolgen von Polioinfekten oder Masern erlebt. Gut
zu wissen, dass es das in unseren Breiten nicht mehr geben
muss. In der nächsten Generation wird auch Gebärmutter-
halskrebs viel seltener werden, wenn sich die jungen Frauen
vor dem ersten Geschlechtsverkehr gegen HPV impfen lassen – genauso wie Leberkrebs seltener wird durch die Hepa-
titis-Schutzimpfung.

*Herzerkrankungen und Herzrhythmusstörungen sind heute
viel seltener tödlich, die ganze Intensivmedizin hat sich
dramatisch verbessert, das gilt auch für die Transplantati-
onsmedizin. Am beeindruckendsten finde ich aber, wie viel
mehr wir heute über unsere Fähigkeit zur Selbstheilung
wissen: Wir verstehen den Placeboeffekt besser, und die un-
trennbare Verbindung zwischen Körper, Geist und Seele wird
nicht als Hokuspokus abgetan. Außerdem sind die Patienten
heute viel kompetenter und selbstbewusster geworden. Wunderbar!*

Für mich gibt es ein Highlight, das eigentlich viel zu wenig
gefeiert wird: Die Deutschen rauchen weniger als noch vor

einer Generation. In meiner Schulzeit war es etwa jeder Dritte, heute ist es nur noch jeder Zehnte. Wahrscheinlich liegt das aber nicht an überragender Aufklärung, sondern an den Smartphones. Um eine Zigarette anzuzünden, müssten die Jugendlichen die Dinger für eine Sekunde aus der Hand legen – das macht keiner freiwillig. Aber Scherz beiseite: Die Stimmung ist gekippt, auch durch veränderte Rahmenbedingungen, wie zum Beispiel, dass in Restaurants und Krankenhäusern nicht mehr geraucht werden darf.

Wir können also viele Gefahren, die das Älterwerden mit sich bringt, aus dem Weg räumen oder vermindern – besser als je zuvor.

Und dennoch gibt es Schicksalsschläge, die alles verändern. Welchen Einfluss hat das denn auf die U-Kurve, wenn zum Beispiel ein Unfall oder eine schwere Erkrankung unvorhergesehen mitten ins Leben bricht?

Das haben wir auch in einem unserer Forschungsprojekte untersucht. Wir führen Tiefeninterviews mit Menschen, deren ansonsten eher normaler – vielleicht sogar unbeschwerter – Lebensverlauf plötzlich eine heftige Delle oder einen harten Knick bekommen hat.

Machen wir es konkret. Eines unserer gemeinsamen Vorbilder ist Dagmar Marth. Sie wurde mit 27 Jahren aufs heftigste aus der Bahn geworfen, genauer gesagt vor die Bahn geschubst. Sie überlebte, verlor aber ihren linken Arm und ihr linkes Bein. Sie ist einer der fröhlichsten Menschen, die ich kenne. Heute bietet sie Achtsamkeitstraining an und berät Patienten, die vor einer Amputation stehen oder einen schweren Unfall hatten. Sie weiß besser als jeder Arzt oder Psychologe, wie sich das anfühlt.

Meiner Arbeitsgruppe gab sie ein langes Interview über ihre Erfahrung. In einem Nachgespräch erzählte ich ihr von unserem Buchprojekt, und sie hat mir diesen Text geschickt:

DAGMAR MARTH – EIN ERFAHRUNGSBERICHT

Als ich in der Klinik erwachte, wusste ich nicht, wo ich war. Sieben Tage lang schwebte ich in Lebensgefahr. Sieben lange Tage habe ich um mein Leben gekämpft. Ich hatte nur einen Gedanken: «Ich will leben, ich will nicht weg, ich will leben!» Dabei hatte ich absolut keine Ahnung, wie mein Leben weitergehen sollte – ich war schwer traumatisiert. Werde ich je wieder im Wald laufen können? Wird mich je wieder jemand lieben, so wie ich jetzt aussehe? Ich war Lehrerin für Sport und Biologie gewesen und spielte leidenschaftlich gerne Pantomime – nun musste ich mein Leben neu erfinden.

Das Wichtigste nach meiner körperlichen Genesung war, mich selbst wieder respektieren zu lernen. Mich selbst wieder achten zu können, mich ernst zu nehmen mit all meinen Nöten, Ängsten und der Verzweiflung, mit meinen Wünschen und Bedürfnissen, war ein langer Prozess. Ich musste lernen, mich zu akzeptieren, wie ich jetzt bin, ohne Arm und Unterschenkel auf meiner linken Körperseite. Ich war 27 Jahre jung. Das war schmerzhaft, aber über die Jahre ist es mir gelungen.

Warum ich heute so glücklich und zufrieden bin? Das liegt sicher auch daran, dass ich vor allem dankbar bin, dass ich lebe!

Mein größter Schatz ist meine Familie. Meine Kinder akzeptieren mich so, wie ich bin, sie kennen mich nicht anders. Von ihnen habe ich gelernt, mich selbst so anzunehmen und zu lieben, wie ich bin.

Ich habe wunderbare Freunde, eine Arbeit, die mich erfüllt, und ich bin wieder auf der Bühne, was mich sehr glücklich macht.

Ich bin dankbar dafür, dass ich mit meiner Prothese schmerzfrei laufen und sogar wieder tanzen, schwimmen und Auto fahren kann. Sie ermöglicht mir ein selbstbestimmtes und autonomes Leben. Natürlich brauche ich Hilfe im Alltag, aber auch für sie bin ich dankbar.

Ich musste lernen, sehr genau auf meine Bedürfnisse und Grenzen zu achten, was nicht immer leicht ist, weil unversehrte Menschen ganz andere Grenzen haben als ich. Selbstfürsorge und Verantwortung für mich und mein Leben zu übernehmen und dafür zu sorgen, dass es mir gutgeht, das ist meine Aufgabe.

Als ich nach dem Unfall schwanger wurde, erklärte mich meine Familie für komplett verrückt. Wie wollte ich mich um ein Baby kümmern, mit einem Arm und einem Bein? Sie meinten, ich solle ins Krankenhaus gehen und das Kind abtreiben lassen. Ihre Reaktion war sehr schmerzhaft, ich fühlte mich alleingelassen. Ich wusste zwar selbst nicht, wie ich das alles meistern sollte, aber ich wusste: Ich will dieses Kind zur Welt bringen. Und das tat ich.

Aus dieser Situation habe ich gelernt, dass ich Mut, Courage brauche, um das zu tun und zu leben, was ich will.

Andere dürfen denken, was sie denken. Ihre Gedanken, Urteile, Wertungen, Grenzen und Ansichten gehören ihnen. Davon sollte man sich keinesfalls aufhalten lassen!

Es ist mir wichtig, dass ich wieder arbeiten und Menschen dabei unterstützen kann, ihre Amputationen zu bewältigen. Ich bin damals selbst durch ein tiefes Tal gegangen, ein dunkles Tal der Tränen – ich weiß um die psychischen und sozialen Folgen einer Amputation. Auch ich hatte nach meinem Unfall längere Zeit psychotherapeutische Begleitung und bin überzeugt davon, dass man den Leidensweg der Betroffenen abkürzen kann, wenn man ihnen jemanden zur Seite stellt, der Ähnliches durchlebt und bewältigt hat wie sie.

Was mich neben meiner Familie und meiner Arbeit sehr glücklich macht, ist die Tatsache, dass ich mit musikalischen Lesungen wieder auf die Bühne gehe. Wenn ich auf der Bühne stehe, wird mein Herz ganz groß. Ich betone das deshalb, weil ich mich jahrelang meines Körpers so geschämt habe, dass ich nicht mehr aufgetreten bin, aus Angst vor den Blicken und Urteilen der Zuschauer. Heute vergesse ich bei den Lesungen komplett, dass ich Arm und Bein verloren habe. Heute ist das völlig in Ordnung für mich. Das bin ich – hundertprozentig ich.

Mit einem Arm und einem Bein geht alles langsamer, ich brauche wirklich viel Geduld und übe mich gezwungenermaßen ständig in Achtsamkeit, sonst fällt alles herunter, heraus oder funktioniert nicht. Diese Entschleunigung reduziert Stress und macht es meiner Meinung nach überhaupt erst möglich, das, was ich tue, wirklich zu genießen.

Und was immer hilft: eine Prise Humor. Sie macht alles leichter. Sagt einer bekümmert zu mir: «Ach, du Arme, du

> hast ja nur ein Bein! (Mitleid ist übrigens das Letzte, was
> wir brauchen!)», antworte ich ganz stolz: «Ich und arm?
> Was denkst du! Ich habe vier Beine im Schrank!»

Wow. Angesichts eines solchen Schicksals so viel Lebensfreude! Und so viel Güte, Milde und Weisheit! Weiß die Wissenschaft schon etwas darüber, wie das möglich ist?

*Man könnte hier von «Frühreife» sprechen. Wir versuchen ge-
genwärtig noch, dieses Phänomen besser zu verstehen. Gibt es
dieses innere Wachstum wirklich, oder basiert es zum Teil auf
Einbildung oder Selbsttäuschung? Momentan gehen wir von
Folgendem aus: Haben Menschen durch Schicksalsschläge
früher mit körperlichen Einschränkungen zu kämpfen oder
müssen sie schwere Krisen bewältigen – wie sonst viele ältere
Menschen –, dann kann ein beschleunigtes inneres Wachstum
eintreten. Die Glücksformen A bis C werden quasi im Schnell-
durchlauf absolviert. Ich nenne das die «Inhibitionstheorie».*

Was wird denn da «inhibiert», sprich: gehemmt, gebremst
oder unterdrückt?

*Evolutionsbiologisch ist es nicht sinnvoll, dass wir in Hinblick
auf die Glücksformen A, B und C vorauseilen, «frühreif» werden, also zum Beispiel schon im Jugendalter mit allen Umständen zufrieden sind – denn so hätten sich Menschen nie
weiterentwickelt. Deshalb «inhibiert» das Belohnungssystem
die jeweils nächste Stufe, bis sie «dran» ist.*

Hänschen klein muss erst mal in die weite Welt hinein, auch wenn die Mutter weinet. Wir dürfen nicht nach Hause kommen, ehe wir unsere Stärken und unsere Bestimmung und «Besinnung» gefunden haben. So viel Weisheit in einem Kinderlied!

Aber manchmal läuft das Leben eben nicht geradlinig. Durch ein Trauma oder eine schwere Erkrankung wird abrupt der vorgesehene Verlauf der Glückskurve unterbrochen. Dann wird es wichtig, dass sich mir trotzdem ein Sinn im Leben offenbaren kann, auch um Frieden zu finden. Menschen, die so eine schwere Zeit erlebt haben, berichten manchmal, dass sie wie durch ein Guckloch in die Zukunft schauen können.

Und dann darf ich wie im Computerspiel gleich auf einem höheren Level weiterspielen?

Ja, als ob der Vorhang gelüftet wurde oder die Phasen des Glücks im Zeitraffer ablaufen. Zufriedenheit und Weisheit entstehen früher als ursprünglich vorgesehen.

In der Kinderheilkunde hat mich oft beeindruckt, wie lebensbedrohlich erkrankte Kinder auf eine gewisse Art «erwachsen» und «weise» wurden. Ich will das überhaupt nicht glorifizieren. Es ist immer wahnsinnig schwer, dem Tod ins Auge zu sehen, gerade wenn das Leben doch erst losgegangen ist. Besonders für die Eltern ist das kaum zu ertragen. Und dann erlebt man, wie der Leidtragende, der Kranke, das Leid der anderen mitträgt. Wie der Patient die Angehörigen tröstet.

Dinge, die nicht mehr umzukehren sind, lösen offenbar bei einigen Betroffenen ungeahnte Prozesse aus. Mein Freund Martin Clemm, der nach einem Unfall querschnittsgelähmt im Rollstuhl sitzt, nennt das den Gewinn für den Preis, den er für sein persönliches Schicksal gezahlt hat. Er sagte mir: «Ich hätte mir diesen Preis nicht ausgesucht. Aber jetzt würde ich ihn auch nicht mehr zurückgeben wollen.» In der Wissenschaft spricht man von «posttraumatischem Wachstum». Keiner wünscht sich das, aber wenn es eintritt, dann steht uns auf wundersame Art unsere innere Natur bei.

Erwachsen werden heißt: Angst in den Alltag und in das gesamte Leben integrieren. Als Kind kannst du die Augen verschließen, wegrennen oder die Bettdecke über den Kopf ziehen. Wenn dir das Leben einmal so richtig die Bettdecke weggerissen hat und den Boden unter den Füßen gleich mit, dann fällst du. Viele, die danach die Kraft haben, wieder aufzustehen, haut danach so schnell nichts mehr um. Menschen wie Dagmar oder nach deiner Schilderung auch Martin tragen oft eine beneidenswerte Seelenruhe in sich.

Diese Ausnahmen von der U-Kurve bestätigen vielleicht die Regel. Der Mensch ist auf Entwicklung hin angelegt: Viele bekommen die Chance dafür auf die sanfte Art und manche mit dem Holzhammer.

Wir beide können von Glück sagen, dass wir uns aus freien Stücken mit dem Glück beschäftigen können. Schwein gehabt. Und ich habe einen riesigen Respekt vor allen, die sich das auf die harte Tour erkämpfen mussten.

Es ist immer gut, sich zu fragen: Wer aus meinem Umfeld ist ein Vorbild für mich? Wen bewundere ich wofür? Wer mehr über unsere Vorbilder erfahren möchte, findet sie ja am Ende des Buches.

Jetzt wechsele ich mal die Perspektive und möchte mit dir die Einwände gegen dein Modell und deine Theorien durchgehen. Was sagst du Menschen, auch Kollegen, die damit nichts anfangen können?

Die gibt es immer, aber die schärfsten Kritiker sind oft jene, die das Buch nicht gelesen haben. Und an dieser Stelle schon längst nicht mehr dabei sind ...

Dann können wir ja offen reden. Es gibt doch eine Menge Querköpfe. Du bist ja auch einer. Deine Thesen und die Dinge, die wir hier behandeln, sind teilweise provokant, zumindest widersprechen sie dem gängigen Bild vom Alter und Älterwerden.

Als Wissenschaftler kann ich mit Fundamentalopposition nichts anfangen. Aber ich schätze den Widerspruch sehr. Nichts ist in Stein gemeißelt. In der Wissenschaft entsteht der Fortschritt erst durch Fragen, Thesen und Antithesen, durch Argument und Gegenargument.

Was hältst du von der These eines «defensiven Pessimismus» als bester Strategie für das Älterwerden? Der Psychologe und Journalist Heiko Ernst meint: Optimisten seien mit ihrem «sonnigen Gemüt» zwar überall beliebt, aber Pessimismus würde sich mehr lohnen, mit Skepsis sei man oft besser vorbereitet. Nach dem Motto: Wer wenig erwartet, kann auch weniger enttäuscht werden. Heiko Ernst beruft sich dabei auch auf den von uns schon zitierten Altersforscher und Psychogerontologen Frieder Lang aus Nürnberg.

Dahinter steckt vielleicht ein Missverständnis – beim «sonnigen Gemüt» fängt es schon an. Damit meinen wir nicht die «zufriedenen Alten». Die haben nämlich oft kein sonniges Leben gehabt oder ein entsprechendes Gemüt. Für meine Mutter zum Beispiel würde diese Beschreibung nicht passen, noch weniger für meinen Vater, der war überhaupt kein Grundoptimist, eher zögerlich, nachdenklich, Fragen stellend – im wahrsten Sinne des Wortes besonnen. Und doch scheinen beide klassische Fälle von «Alterszufriedenheit» zu sein. Wie immer kommt es auf die Dosis an. Übertriebene Zuversicht kann sicher schaden. Ich würde es statt defensiven Pessimismus lieber «gesunde Skepsis» nennen!

Eine andere mögliche Einschränkung ist, dass unsere Generation keine Ahnung von dem hat, was die heute Hochbetagten im Zweiten Weltkrieg durchgemacht haben. Was meinst du zu dem Einwand, dass die U-Kurve für die am besten funktioniert, die mal ziemlich weit unten waren?

Einschneidende negative Lebensereignisse, die viele Menschen zeitgleich durchgemacht haben, zum Beispiel aufgrund eines ähnlichen Geburtsjahrgangs oder des gleichen Wohnortes, spielen eine Rolle. Aber letztlich sind diese kollektiven Tiefpunkte für den Einzelnen auch wieder individuelle Tiefpunkte. Diese Ereignisse könnten wieder jene Wendepunkte sein, von denen aus sich das individuelle Wachstum und Lernen entwickeln. Und so wie nach einem kollektiven Tiefpunkt – zum Beispiel dem Zweiten Weltkrieg – dann in den 50ern die Wirtschaftswunderjahre folgten, so vollziehen sich auch die Lebenswege in Richtung Zufriedenheit auf großer und auf kleiner Ebene. Anders wäre wohl kaum zu erklären, warum wir die beschriebene U-Form ebenso in Ländern finden, die nach allgemeiner Auffassung keine kollektiven Traumata oder Tiefpunkte erlebt haben – oder ganz weit weg vom Weltgeschehen waren: Australien beispielsweise.

Die sind ja auch «down under», über Kopf. Da müsste es wohl eine umgekehrte U-Kurve sein ...

Witzbold. Wir sprechen in diesem Zusammenhang auch von der sogenannten Happiness-Setpoint-Theorie. Die besagt, dass es eine individuelle Voreinstellung für die Lebenszufriedenheit gibt. Nach einschneidenden Lebensereignissen kommen wir über kurz oder lang wieder auf unsere individuellen Zufriedenheitswerte zurück, genauer gesagt: Wir finden wieder zu unserer individuellen U-Kurve und setzen diese fort. Zwar weist sie jetzt eine Delle auf, verläuft aber häufig doch wieder entlang der ursprünglich vorgesehenen Bahn, mehr oder weniger.

Dann wäre Lebenserfahrung eine Möglichkeit, immer stabiler und widerstandsfähiger zu werden, wie ein Baum mit Wurzeln oder eher wie ein Stehaufmännchen? Einfach weitermachen ...

Unser ABC-Modell bescheinigt den Älteren im Vergleich zur Jugend eine realistischere Sicht auf die Dinge. Weniger flüch-

tig und flatternd, eher bodenständig und beständig. So ent-
wickeln sie die innere Freiheit, ihr psychisches Wohlbefinden
nicht allein von der objektiven Gesundheit abhängig machen
zu müssen. Wenn das kein Realismus ist!

So leicht kommst du mir nicht davon. Nächster Einwand:
Menschen, die weniger gut mit körperlichen oder seelischen Schäden zurechtkommen, fallen oft aus Studien raus.
Demnach könnte die U-Kurve der Lebenszufriedenheit auch
verzerrt sein, weil die Unzufriedenen erst gar nicht erfasst
wurden oder früher gestorben sind ...

Ja, das wird immer wieder angeführt. Manche Autoren spre-
chen hier auch vom «Survivor Bias», also der Idee, dass die
Überlebenden – über die Zeit – die Forschungsergebnisse zur
Lebenszufriedenheit in großen Kollektiven verzerren. Eine
zentrale Grundannahme dieser These ist, dass die Unzu-
friedenen zugleich die Ungesunden seien und wegen ihres
schlechten Gesundheitszustandes früher sterben würden.

Ja, die Zufriedenen bleiben überproportional über. Das ist
doch logisch!

Das ist gar nicht so einfach zu widerlegen. Dazu braucht es
Sterbetafeln im zeitlichen Verlauf und sehr große Datenmen-
gen, wie am National Bureau of Economic Research in den
USA von über 500 000 Amerikanern und Europäern. Dann
siehst du aber: Die U-Kurve ist real und robust. Mit dem Al-
ter steigt die Lebenszufriedenheit unabhängig vom Gesund-
heitszustand an. Der Tiefpunkt der U-Kurve liegt hier auf bei-
den Seiten des Atlantiks bei einem Lebensalter zwischen 45

und 49 Jahren. Andere große Studien aus Großbritannien, wie auch Panels aus Australien oder eben aus Deutschland, sehen den Tiefpunkt etwa zwischen dem 43. und 44. Lebensjahr.

Ganz unstatistisch, aber aus meiner Erfahrung heraus: Die Griesgrämigen, die ich kenne, die sterben nicht alle zwischen 40 und 60, und wer in dieser Lebensphase schon mit Handicaps zu kämpfen hat, ist auch nicht durchweg unglücklich. Also gekauft. Deine U-Kurve existiert. Wie gut, dass wir beide schon erfolgreich das Tal der Tränen überwunden haben. So tränenreich war das bei mir eigentlich gar nicht. Und wenn jetzt erst die bessere Hälfte folgt, wo soll das noch hinführen?

Die individuelle Zukunft kann dir keiner vorhersagen. Nicht die Statistiken, ich schon gar nicht. Allein die Vorstellung, dass es eine bessere Hälfte gibt, ist doch schon wunderbar. Frieder Lang, Dilip Jeste und viele andere Wissenschaftler bestätigen das und nennen das Phänomen «graying but grinning»: ergraut, aber grinsend. Damit sind aber nicht die Optimisten gemeint, die einfach eine rosarote Brille aufsetzen und das Elend ausblenden. Nein, die sehen das Elend – und machen dennoch das Beste draus. Es geht hier wirklich um das echte Leben, keine sonnige Scheinwelt. Höhen und Tiefen müssen durchlebt und nicht einfach weggelacht oder verdrängt werden. Man trifft Vorsorge, sieht auch die Risiken, aber lässt sich von alldem nicht unterkriegen. Und das können die Alten wohl besser als die Jungen.

Dennoch erreicht etwa jeder Fünfte die Erntezeit der Zufriedenheit in dieser Form nicht. Bleibt die Frage: Was kann die

Medizin daran noch ändern, was ist bei all den Erfolgen und Durchbrüchen der letzten Jahrzehnte die Aufgabe von Ärzten und dem Gesundheitswesen? Braucht es uns überhaupt noch?

KAPITEL SECHS

Warum die Selbstheilung des Patienten
schlecht ins Selbstbild des Arztes passt

Warum sich Nichtstun oft langfristig
lohnen kann

Und: wieso Tanzen und Tischtennis öfter
verschrieben werden sollten

WOZU BRAUCHEN WIR NOCH ÄRZTE?

«Man kann ein Déjà-vu und eine Amnesie zur gleichen Zeit haben: dieses mulmige Gefühl, Mensch, das eben, das hast du genau so schon mal vergessen!»

STEVEN WRIGHT

Mensch, Tobias, wenn ich dich nicht getroffen hätte, wären mir wirklich viele Einsichten verborgen geblieben. In meinem Studium spielten die Medizin und Psychologie des Alterns damals keine Rolle. Ich weiß noch, als 1986 der erste Lehrstuhl für Gerontologie in Deutschland eingerichtet wurde, haben das viele müde belächelt. Das sei ja keine «richtige» Medizin. Und dann noch besetzt mit einer Frau, Ursula Lehr. Auch das war in der Hochschullandschaft damals höchst ungewöhnlich. Heute hat jede vernünftige Uni einen Lehrstuhl für Altersforschung – aber es hat über eine Generation gedauert.

Von Altersmedizin habe ich in meiner Studentenzeit auch kaum etwas gehört. Bis heute wirst du ein bisschen schief angeschaut, wenn du dich für das Thema wissenschaftlich begeisterst. Das ist zwar schon besser geworden, aber es ist noch ein weiter Weg.

Unsere Generation von Ärzten wurde noch im Geist der All-macht erzogen. «Halbgötter in Weiß». Aber zu dem Klischee gehören ja immer zwei: einer, der gerne Halbgott spielt, und der Gegenpart, der an ihn glauben will. Die ärztliche Kunst sah man darin, effektiv eine Diagnose zu stellen. Damit war gleichzeitig klar, wie die Therapie abzulaufen hatte, und dann sollte alles wieder «weggehen» – ganz so, wie es das Lehrbuch vorsieht. Wir waren ungebrochen fort-schrittsgläubig, sahen uns als einsamen Superhelden mit weißem Kittel, als Löser aller Probleme: Du darfst drama-tische Dinge tun, in jede Körperöffnung ein Instrument oder deinen Finger stecken. Und der Patient hat alles zu erdulden. Wenn er stirbt, ist er selbst schuld. Dann hat er sich nicht genau genug an die Behandlungsempfehlungen gehalten. Jede Krankheit, die nicht wegging oder zum Tode führte, wurde von uns Ärzten als persönliche Beleidigung empfunden. Ich übertreibe nur ein wenig. Und je länger ich aus der Akutmedizin raus bin, desto häufiger frage ich mich und natürlich dich als Professor für Allgemeinmedizin: Ha-ben wir die Möglichkeiten der Medizin eigentlich grandios überschätzt?

Ja, zum Teil schon. Und es ist auch noch nicht ganz vorbei mit dem Überschätzen. Was ich über die Jahre immer mehr gelernt habe, ist Demut. Als Wissenschaftler die Demut ange-sichts der Tatsache, die Welt nicht neu erfinden, sondern sie nur abbilden zu können. Oft bestätigen wir nur Dinge, die die Menschen sowieso schon gewusst haben, zumindest geahnt. Und als Arzt die Demut durch die Einsicht, dass Medizin eben vieles *nicht* kann.

Nicht nur in den Köpfen der Bevölkerung, sondern auch in

der Ärzteschaft hält sich leider immer noch die Vorstellung von der sogenannten Lebenstreppe, die ab der vermeintlichen Lebensmitte nach unten geht. Im ersten Teil des Lebens ist man verliebt, verheiratet, das erste Kind ist da, dann ergraut man langsam – und dann geht es nur noch abwärts, bis am Ende der Kurve der Mensch schließlich im Sarg liegend, als Skelett erscheint. Diese Treppe hat es vor etwa zehn Jahren sogar noch auf das Titelblatt des Deutschen Ärzteblattes geschafft. Mit dem Hinweis, dass es die Aufgabe der Medizin sei, die Menschen ab 50 in ihrem Abstieg zu unterstützen und den unaufhaltsamen Aufprall etwas sanfter zu gestalten.

Die Lebenstreppe in den Keller – unterirdisch! Wo siehst du heute die Aufgabe und die Möglichkeiten der Medizin?

Ärzte und andere Gesundheitsberufe können sehr wohl helfen, dass Menschen auf ihrem eigenen Lebensweg und in ihrer individuellen Entwicklung nicht vom Weg abkommen. Aber vollständig heilen, das findet in der Medizin – wenn wir ganz ehrlich sind – eher selten statt. Es geht eher um Palliation, also um Linderung. Drei Viertel der über 65-Jährigen haben zwei oder mehr bleibende Erkrankungen, von Allergien, «Rücken», Rheuma, Herz-Kreislauf-Erkrankungen bis zu den verschiedensten Formen von Krebs.

Ich bin im Beirat der Deutschen Krebshilfe. Da wird immer noch mit dem immer gleichen Wort plakatiert: Kampf! Ich sehe das kritisch: Denn wenn man einen Kampf ausruft, macht man alle, die ihn nicht gewinnen, zu Verlierern. Ich finde nicht, dass ein Mensch, der stirbt, ein Verlierer ist.

Ja, wir Ärzte müssen das, was wir unter Heilung und Gesundheit verstehen, viel kritischer hinterfragen. Die Patienten wissen meist schon lange, dass sie nicht mehr vollständig gesund werden, wenn man sie fragt.

Was ist das Ziel von Medizin? Sind wir ernsthaft krank, dann wollen wir Hilfe, Behandlung, die Linderung unseres Leids und wenn möglich Heilung. Dafür werden wir auch weiterhin die Wissenschaft und die spezialisierte Hochleistungsmedizin brauchen. Aber insgesamt, im Alltag der meisten Menschen, da wird die Medizin in ihrer Bedeutung häufig überschätzt.

Wir sind noch geprägt von einem Bild der Medizin, in dem das Krankenhaus im Zentrum steht. Schwere Geschütze mit Strahlen und Skalpell und viel Drama. Deshalb finde ich heute die Altersmedizin ein so spannendes Feld. Hier haben Gedanken Platz wie: Lasst die Leute in Ruhe und macht nur das, was dringend nötig ist. Du nennst das die «Leitplanken». Verhindere wenn möglich das Abrutschen in die eine oder in die andere Richtung. Das ist ein radikales Umdenken, weg von der Wir-machen-alles-was-wir-können-Medizin.

Absolut. Krankheit und Sterben sind eben der Preis, den wir für unser Leben zahlen. Wir beide sind begeisterte Ärzte, und ich möchte nicht die Ärzteschaft als solche schlechtmachen. Wir wollen wohl alle die beste Medizin und Forschung. Ich liebe die Wissenschaft, bin durch und durch Teil davon. Aber im realen Leben gibt es Wahrheiten, an denen wir nicht vorbeikommen. Eine davon ist: Wir werden älter. Wie schön! Aber weil wir älter werden, werden wir auch mehr erleben von dem,

*was vielleicht nicht schön ist. Die Medizin wird die Menschen
künftig stärker begleiten statt kurieren. Damit nicht nur gemeinsam geheilt oder gestorben, sondern auch gemeinsam
gelebt wird. Medizin ist Teil der Gesellschaft, der sie dient.*

Wir beide sind Fans des Romans «House of God». Darin hat
ein amerikanischer Arzt seine Zeit als Anfänger in einer Klinik beschrieben. Zum Brüllen komisch, weil es so wahr ist.
Und darin fällt ein großer Satz: «Die Kunst der Medizin besteht darin, so viel NICHTS zu tun wie möglich!»

*Die Klinik, die der Kollege Stephen Bergman unter dem Pseu-
donym Samuel Shem in diesem Buch beschreibt, war «meine»
Klinik in der Bostoner Zeit. Sie gehört zur Harvard Medical
School. Mein dortiger Mentor und Lehrer Tom Delbanco hat
den Satz geprägt, dass es hier nicht nur um «The Science of
Medicine» geht, also die Wissenschaft der Medizin, sondern
auch um «The Art of Medicine».*

Das Wort «Heilkunst» klingt auf Deutsch so antiquiert,
aber ich mag es sehr. Es heißt, in der Praxis auch den geis-
teswissenschaftlichen, den künstlerisch-interaktiven, den
gestalterischen Anteil im Blick zu haben. Oft machen wir
Ärzte mit unseren Hightechgeräten viel Tamtam. Es kommt
aber nicht selten auf etwas anderes an. Zum Beispiel auf die
Kunst, ein gutes Gespräch zu führen, die Perspektive des
Patienten einzunehmen und zu überlegen: Wenn das nicht
ein «Fall», sondern ein Angehöriger wäre – was würde ich
empfehlen? Wir flüchten uns manchmal in Technik und
Leitlinien als Legitimation dafür, uns nicht genauer mit den
Menschen befassen zu müssen.

Da muss ich an meine Kollegin Amy Ship aus Boston den-
ken. Sie hatte den prestigeträchtigen Compassionate Care-
giver-Preis gewonnen, der an besonders fürsorgliche Ärzte
und Ärztinnen verliehen wird. Amy nutzte ihre Dankesrede
vor großem Publikum aber nicht, um von sich als Ärztin zu
sprechen. Sie beschrieb stattdessen ganz persönlich, wie es für
sie war, auf der anderen Seite zu sitzen. Sie hatte zwei Kin-
der, die von Geburt an schwerstkrank waren. Im Saal wurde
es mucksmäuschenstill, als sie davon berichtete, wie ihr die
Ärzte immer wieder erklärten, was man alles machen könne
und müsse. Da sie aber selbst Ärztin war, wusste sie, wie
schlecht es um ihre Kinder stand. Und dann erzählte sie von
dem Moment, in dem ein Arzt ihr gegenübersaß und einfach
den Mund gehalten hat. Er hat ihren Blick ausgehalten und
mit Tränen in den Augen gesagt: «Das muss ganz schön hart
für Sie sein.» Amy erzählte, er sei der erste Kollege gewesen,
der es ertragen konnte, als Arzt nicht helfen zu können. Aber
als Mensch hat er es getan. Einfach, indem er für sie da war, in
einer echten Begegnung. Solche Momente rücken vieles wie-
der ins Lot und helfen. Wir Ärzte können zwischendurch ruhig
mal in den Spiegel schauen und sagen: «Ich weiß nicht weiter,
ich habe keine Lösung. Ich bin auch nur ein Mensch, aber als
der bin ich da.»

Puh, eine heftige, aber wichtige Geschichte. Ohnmacht
aushalten können: Das ist kein Prüfungsthema und Ausbil-
dungsinhalt. So wenig, wie es für Studenten gute Kurse gibt
darüber, wie man Menschen zur Prävention motiviert, dazu,
ihren Lebensstil zu ändern. Es wird weiterhin überschätzt,
was die Medizin in kurzer Zeit vollbringen kann, und es
wird unterschätzt, welche Hebelwirkung bereits kleine Än-

derungen im Alltag langfristig haben können. Noch versagt die Medizin darin, aus dem lukrativen Reparaturbetrieb in eine Besser-erst-gar-nicht-so-weit-kommen-lassen-Logik zu wechseln.

Das ist eine super Formulierung. Du bringst die Dinge immer so wunderbar bildhaft auf den Punkt. Das ist deine Heilkunst!

An einem gesunden Menschen verdient keiner was. Das ist einer der grundlegenden Fehlanreize in unserem Gesundheitssystem, in dem täglich rund eine Milliarde Euro umgewälzt wird, ohne sich zu überlegen, welches denn aus Sicht der Menschen, der Patienten, der Beitragszahler wirklich der beste Zeitpunkt wäre zu investieren.

Ein Beispiel?

Tanzen wirkt nachweislich vorbeugend gegen Alzheimer, weil es die rechte und linke Hirnhälfte aktiviert, weil es mit positiven Emotionen neue Muster einschleift, weil es eine Aktivität ist, zu der man die Leute nicht prügeln muss. Unser Gehirn ist ein «Bewegungsapparat», es liebt die Orientierung im Raum und vollzieht komplexe Bewegungen mit Freude. Das ist mehr «Gehirnjogging», als Kreuzworträtsel zu lösen, wo sich nur der Stift bewegt – obwohl es da natürlich auch um senkrecht und waagerecht geht. Über den Tango gibt es ein passendes Bonmot: Er sei der vertikale Ausdruck eines horizontalen Verlangens.

Du hast doch für deine Sendung mal Tanzstunden genommen und dich in den MRT gelegt, oder?

Ich wollte die Wirkung auf das Gehirn selbst testen. Ich war im MRT, dann habe ich zehn Tanzstunden genommen und bin anschließend noch mal in die Röhre. Und siehe da: Man konnte eine positive Veränderung sehen ...

Wem der Sinn nach etwas anderem steht, der kann natürlich auch wandern, schwimmen oder joggen ...

Nur Schach gilt nicht, da sitzt man zu viel. Gut für unser Hirn sind koordinative Herausforderungen. Beim Tischtennis zum Beispiel musst du auch schneller reagieren, als du denken kannst. Das ist viel mehr Denksport als Sudoku!

Du spielst ja ganz gut Tischtennis, jedenfalls besser als ich.

Übungssache! Ich habe auf meiner Livetour im LKW eine Platte dabei, seit mich ein über 80-Jähriger im Tischtennis geschlagen hat. Ich traf meinen «Meister», der schon 1961 Deutscher Meister war, bevor ich geboren wurde. Er hat ein Leben lang intensiv Tischtennis gespielt und einfach nie damit aufgehört. Das zahlt sich in der zweiten Lebenshälfte aus. Viele Menschen müssten gar nicht oder zumindest erst später dement werden, wenn sie sich so eine Leidenschaft erhalten würden. Aber diesen größeren Bogen, dass man den Grundstein für seine eigene Fitness im höheren Alter schon Jahrzehnte früher legt, sehen viele nicht, und wenn doch, handeln sie nicht danach.

Du erntest immer, was du säst. Das hat mich schon als Pflege-helfer in der Onkologie beschäftigt. Ich wunderte mich, dass sich kaum ein Arzt fragte, was man hätte anders machen können, um es gar nicht so weit kommen zu lassen. Oder was man über die Erkrankung hinaus eigentlich von der Person weiß, die da vor einem im Krankenbett liegt. Auch um sie emotional und psychologisch besser unterstützen zu können. Die Menschen sind eben nicht gleich, selbst wenn sie die gleichen Diagnosen haben. Aber das habe ich nur im Stillen gedacht, ich war ja als Pflegehelfer so gut wie unsichtbar ...

Du warst die unterste Stufe der Existenz. Das Plankton des Krankenhauses. Billiges Futter ...

Für die weiße Zunft nicht wirklich existent. Aber ich wusste als Pflegehelfer so viel mehr von den Menschen! Ganz persönliche Dinge, die sie mir, manchmal unter Tränen, erzählt haben. Wenn die Visite reinkam, wurden die Tränen allerdings schnell getrocknet für den hohen Besuch. Der hat dann «preußisch» Werte in Kurven eingetragen, geschlossene Fragen gestellt, und schon war er wieder verschwunden. Kaum hatte sich aber die Tür hinter ihm geschlossen, ging es weiter mit den Geschichten und den Tränen.

Ja, schlimm. Hast du nie jemanden erlebt, der andere Wege gegangen ist? Dich müssen doch auch Menschen und Situationen inspiriert haben, so zu denken, wie du es tust.

Wir hatten einen Krankengymnasten, der tanzte am Wochenende manchmal mit den Patientinnen. Er kam auf die Station, stellte einen Ghettoblaster auf den Flur, riss die Türen auf und holte eine Patientin nach der anderen aus dem Zimmer. Dann gab es Walzer oder Schlager, Udo Jürgens oder Zarah Leander. Es wurde viel gelacht, die Menschen liebten ihn, mich hat er auch immer wieder begeistert. Aber all diese Momente fanden offiziell in den Kurven und Akten nicht statt, dabei haben sie bestimmt etwas für die Patienten bewirkt. Ob der Chefarzt überhaupt davon wusste?

Da kann man sich schon fragen: Warum kümmert sich die praktische Medizin nicht um Tanzen und Musik? Um all die vielen Dinge, von denen wir in der Forschung mittlerweile wissen, dass sie wirklich hilfreich sind?

Man könnte natürlich auch sagen: Wenn die Medizin sich nicht darum kümmert, dann ist es vielleicht auch nicht ihr Job. Aber dann sollten wir sie auch nicht immer auf diesen Thron heben und erwarten, dass sie auf alles eine Antwort hat und für alles zuständig ist. Dann soll sie das machen, was sie richtig gut kann – und den Rest anderen überlassen. Aus Sicht des Patienten heißt das für mich auch: Ich muss nicht darauf warten, bis die Kasse es zahlt, wenn ich weiß, dass es mir guttut, und ich es mir leisten kann. Wen bestrafe ich denn, wenn ich schmollend zu Hause sitze und meckere?

Die häufigste Frage im Himmel könnte lauten: Warum wart ihr auf Erden so ernst? Was habt ihr geglaubt, worum es hier geht? Die häufigste Frage auf der Erde ist immer noch: Zahlt das die Kasse? Wir haben tatsächlich durch unser im internationalen Vergleich sehr gutes Versicherungssystem etwas geschaffen, das bei vielen Menschen die Motivation ausbremst, selbst Verantwortung für sich zu übernehmen.

Man mag aktuell einiges an den USA kritisieren können, aber was ich dort als sehr positiv erlebt habe, war die Eigeninitia-

tive der Amerikaner. Die Erwartungshaltung, zu allem, was man tut, ermuntert und dann direkt dafür belohnt zu werden, ist dort weniger ausgeprägt. Auch den Gedanken, dass spätestens mit 65 der Hammer fällt und dass das der Moment ist, auf den man sein ganzes Leben hingearbeitet hat, findet man nicht so häufig wie bei uns.

Ein tolles Beispiel für Begeisterungsfähigkeit jenseits des Pensionsalters ist Eric Kandel. Wir haben ihn gemeinsam kennenlernen dürfen, als ich ihn für ein Interview getroffen habe. Auch er ist eines unserer Vorbilder, die wir im Anhang genauer vorstellen. Jetzt nur so viel: Er hat den Medizin-Nobelpreis bekommen für seine bahnbrechende Forschung über das Gedächtnis.

Er hat uns damals gesagt, er arbeite gerade an seinem zweiten Nobelpreis. Nach dem Motto: Wer sagt denn, dass man nur einen gewinnen könne? Marie Curie habe auch zwei verliehen bekommen. Und das erzählte er uns mit einem unglaublichen Lachen, bei dem man gar nicht so recht wusste: Ist das jetzt Ernst oder Spaß?

Genauso hat er gelacht, als ich zu ihm sagte: «Eric, du musst doch nicht mehr arbeiten, du hast längst ausgesorgt.» Da guckte er mich an und sagte: «Nenne mir irgendetwas, das annähernd so viel Spaß macht! Warum soll ich denn auf dem Golfplatz oder auf dem Sofa vor mich hin vegetieren, wenn ich noch so viele Ideen habe, die ich mit anderen Forschern, mit meinem Team teilen möchte?» Er will das Rätsel Alzheimer knacken, Unterformen definieren und die Prävention vorantreiben. Gleichzeitig betreibt er dadurch für sich selbst das beste Anti-Aging. Er bleibt neugierig, wird gebraucht, hat das Gefühl, eingebunden zu sein und einen Beitrag zu leisten – mittendrin und nicht auf dem Abstellgleis. Außerdem geht Eric regelmäßig schwimmen. Ist das der Sport der Hirnforscher?

Ich gehe lieber joggen, aber letztlich geht es schlichtweg um Bewegung. Im Kern heißt Motivation ja auch «sich bewegen». Das Spannende für mich als Neurowissenschaftler: Es sind dieselben Botenstoffe, die für die körperliche Bewegung und für das innere Bewegtsein zuständig sind. Sich körperlich oder geistig zu bewegen hat also gemeinsame biologische Wurzeln. Schwimmen, Tanzen, Belohnung und Motivation sind äußere und innere Bewegtheit. Und in Bezug auf Langlebigkeit und Gesundheit wissen wir schon lange, dass körperliche Bewegung das Gehirn, das Herz und den Organismus schützt: Sie wirkt wie ein echter Jungbrunnen.

Eric Kandel ist wohl auch deshalb so jung geblieben, weil er tut, was er tut, «um des Tuns willen». Genau das Gegenteil von dem, was ich in der Schule zu hören bekam. Da hieß es immer: «Erst die Arbeit, dann das Vergnügen.» Auch im Studium wirst du ständig vertröstet: «Ja, das ist hart, aber später, wenn du das oder jenes geschafft hast, wird alles besser.»

... und wenn du dann den Facharzt hast, wirst du vertröstet auf den Oberarzt-Status!

Ich habe das schon als Student geahnt: Die Dinge müssen aus sich heraus, schon im Jetzt, Sinn ergeben und zumindest einen Vorgeschmack beinhalten, Appetit machen auf mehr. Das motiviert doch viel stärker.

Jetzt bist du sogar Professor! Und wie ist es jetzt?

Schon besser. Mehr Licht als Schatten. Es ist doch Quatsch, immer nur den Tunnel zu sehen, durch den man sich durchzwängen muss. Viele denken: «Ich arbeite jetzt wie ein Pferd, und wenn dann die Rente kommt, dann kann ich endlich genießen.» Pustekuchen! Das Leben findet auch schon vorher statt.

Und viele kippen dann um, sobald sie in Rente sind, und haben gar nichts von dem schönen Pustekuchen. Mich hast du jedenfalls motiviert für das Jetzt. Aber viele Strukturen im Gesundheitsbereich sind von gestern oder vorgestern, lauter voneinander isolierte Bereiche, die alle um ihre Pfründen bangen und mit der Digitalisierung fürchten, transparent zu werden.

Es ist wirklich mühsam, dieses System im Sinne der Patienten zu verändern. Das erfahre ich in meinem Alltag. Wie du weißt, versuche ich diese alberne Trennung von «Schulmedizin» und «Komplementärmedizin» aufzuheben. Wenn es wirksame Verfahren in einer «integrativen Medizin» gibt, einer ganzheitlichen und umfassenden Medizin, dann sollten die auch allen Patienten zugutekommen.

Das ist aber ein dickes Brett! Wie weit bist du mit dem Bohren schon gekommen?

Wir gründen gerade eine Hochschulambulanz für die allgemeine Bevölkerung, wo man mit den typischen Alltagsbeschwerden und Zivilisationskrankheiten hinkommen kann, wenn der Hausarzt mit seinen Möglichkeiten an seine Grenzen stößt. Oft hat der nicht die Zeit, sich mit langwierigen, komplexen Krankheiten zu beschäftigen, wie mit chronischen Schmerzen, stressbedingten Leiden oder hartnäckigen Stoffwechselerkrankungen. Die Königsdisziplin ist hier, die Patienten im Sinne der Selbstheilung zu motivieren, ihren Lebensstil zu ändern. Das ist schwierig, aber häufig das wirksamste Mittel. Nur muss man hierfür im Team mit Vertretern unterschiedlicher Gesundheitsberufe zusammenarbeiten. Das weiß man heute eigentlich alles ...

Nur findet es trotzdem viel zu selten Anwendung. Von den vielen Patienten, die mit Bluthochdruck, chronisch-entzündlichen Erkrankungen, Atembeschwerden oder zur Rückfallprophylaxe bei Depressionen oder Raucherentwöhnung in die Praxen kommen, bekommt nur ein Bruchteil die modernste und effektivste Behandlung. Meist geht es nicht über Medikamenteverschreiben und den Satz «Kommen Sie wieder im nächsten Quartal!» hinaus.

Und in der Zwischenzeit verschenkt man die Chance, den «inneren Arzt» der Patienten zu aktivieren. Das wollen wir mit der Hochschulambulanz ändern. Dafür verhandele ich mit den Krankenkassen über die Finanzierung. Das Problem: Es gibt keine Abrechnungsziffer für diese Leistungen. Es existiert offiziell keine Leistung, die «Ernährungsberatung», «Bewegungsberatung» oder «Lebensstilmodifikation» heißt!

Geht nicht, gibt's nicht.

Ganz genau. Das ist die Logik des deutschen Gesundheitssystems. An der Stelle ist also nicht viel Platz für Heilkunst. Und auch nicht für Humor und Lebensfreude. Aber bis unser Buch erscheint, sind wir hoffentlich schon wieder ein Stückchen weiter. Daumen drücken.

Du bist und bleibst Optimist. Da bleibt dir als Glücksforscher wahrscheinlich auch keine andere Wahl ...

Ein anderes dickes Brett im Gesundheitswesen ist die Pflege. Uns fehlen heute schon geschätzt 100 000 Pflegekräfte, in zehn Jahren gibt es 1,5 Millionen mehr Menschen, die Pflege brauchen werden. Auch wenn die alle unser Buch gelesen haben und sich hoffentlich auf das Älterwerden freuen – irgendwann werden wir alle auf andere angewiesen sein. Man kann den Zeitpunkt der Pflegebedürftigkeit nach hinten schieben, aber in der letzten Lebensphase braucht man die Hilfe anderer, und das wird auch so bleiben.

Aber was wird aus den Alten in der digitalen Zukunft? Sollen die von Robotern gepflegt werden? Von künstlichen Intelligenzen?

Nein, sicher nicht. Es wird immer auf die analoge Welt, die sinnlichen Beziehungen und echten Begegnungen zwischen Menschen ankommen. Und dafür müssen weiterhin professionell Pflegende da sein. Die werden allerdings nur in dem Beruf bleiben oder ihn ergreifen, wenn sie vernünftige Arbeitsbedingungen vorfinden und gut bezahlt werden. Wir sind im Gesundheitswesen – und in der Politik – Lichtjahre hinter dem her, was es an sich bräuchte. Pflege und pflegende Angehörige müssten viel mehr unterstützt und anerkannt werden. Der demographische Wandel wird Deutschland immer dra-

matischer erfassen. Und dann könnten künstliche Intelligenz, Digitalisierung und technischer Fortschritt schon förderlich sein. Neulich sagte ein Medizinstudent zu mir: «Halbtags bin ich ein ‹digital native›, jemand, der mit den digitalen Medien und Möglichkeiten aufgewachsen ist und spielerisch umgehen kann. Wenn ich aber in die Uni gehe, dann werde ich wieder zum digitalen Analphabeten gemacht.»

Was habe ich in der Ausbildungszeit nach analogen Röntgenbildern gesucht! Oder versucht, Notizen in Akten zu entziffern. Das geht heute erfreulicherweise per Knopfdruck – solange der Server nicht abstürzt. Der Frust bei der Digitalisierung ist allerdings, dass sie zwar eingeführt wird mit dem Versprechen, die Arbeit zu erleichtern. In der Praxis wird aber immer mehr Dokumentation verlangt, Arbeit verdichtet, jede Bewegung und Tätigkeit registriert. So wird die Zeit, die man für die Patienten hat, oft nicht mehr, sondern weniger.

Fakt ist, dass auch im Jahr 2018 in sehr vielen Praxen in Deutschland noch ein wesentlicher Teil der Dokumentation auf Papier erfolgt. Zumindest parallel zur elektronischen Archivierung. Und rate mal, was noch immer der Goldstandard ist für die Kommunikation zwischen den Kollegen. Das Faxgerät! Andernorts wird dagegen schon in Echtzeit digital konferiert, Patienten nutzen Online-Portale für ihre Interaktion mit dem Gesundheitswesen und können ihre Dokumente elektronisch an jedem beliebigen Ort einsehen – und das ist nachweislich hilfreich: Wir haben ja schon über «OpenNotes» gesprochen. Und weil die zukünftig Alten heute schon mit digitalen Medien aufwachsen, wird es für sie auch im Alter selbstverständlicher sein, sie ebenso im Gesundheitsbereich für sich zu nutzen.

Insgesamt kann man aber sagen, dass die Medizin noch nicht verstanden hat, welches Potenzial in Telemedizin, Maschinenlernen und Robotik steckt.

Ich fasse mal zusammen: Die Rolle der Ärzte ändert sich rapide. Die Patienten werden mehr selbst entscheiden, mehr wissen wollen und können (und sollen!), und damit stellen sie das bisherige System auf den Kopf – oder zumindest Augenhöhe wieder her, nachdem man die Ärzte jahrhundertelang auf einen Sockel gestellt und zu ihnen aufgeschaut hat.

Dann kommen wir beide doch schon mal runter von dem hohen Ross und beschäftigen wir uns in der zweiten Hälfte dieses Buches damit, was jeder für sich tun kann.

KAPITEL SIEBEN

Wo wir landen, wenn wir inneren
Frieden im Außen suchen

Wann Loslassen gelassen macht und
wann wir es besser lassen sollten

Und: warum wir für die Dankbarkeit
dankbar sein sollten

BEI SICH ANKOMMEN

«Heut' mach ich mir kein Abendbrot,
heut' mach ich mir Gedanken.»

WOLFGANG NEUSS

Weißt du, welche Apps im Bereich Gesundheit und Wellness
weltweit am gefragtesten sind?

Die Fitness-Tracker? Sixpack-Übungen? Bauch – Beine – Po?

Falsch.

Kalorienzähler? Schrittzähler? Erbsenzähler?

Halt dich fest: Es sind die Nichtstun-Apps! Schon wie die hei-
ßen: «Calm», «Headspace» oder «Breathe»!

Müssen wir uns wirklich durch unsere Telefone daran erinnern lassen zu atmen?

Du wirst lachen, aber diese Apps haben allein im ersten
Quartal 2018 weltweit fast 30 Millionen Dollar umgesetzt. Da
scheint es ein echtes Bedürfnis zu geben.

Und einen Markt! Du hast ja selbst mal eine App mitentwickelt, «7Mind». Sind das nicht sechs Minds zu viel? Ich dachte, es geht darum, sich immer auf *eine* Sache in seinem Bewusstsein zu konzentrieren?

Die Sieben steht für die Minuten, die man die einzelnen Übungen machen soll. Anfangs war ich sehr skeptisch, ob man so etwas «Heiliges» wie Achtsamkeitsübungen in ein so ablenkungsfreudiges Medium wie ein Smartphone packen sollte.

Das klingt schnell nach «McMindfulness». So wird manchmal der heutige Trend bezeichnet, jedes Produkt mit dem Zusatz «Achtsamkeit» marketingtechnisch zu optimieren. Es gibt angeblich sogar achtsame Mayonnaise.

Das ist echt albern. Der Begriff «Wellness» hat eine ähnliche Verwässerung erlebt. In den 70ern war es ein ernstzunehmender Begriff, den auch mein akademischer Ziehvater Herbert Benson, Kardiologe aus Harvard, verwendet hat. In seinem Werk «The Wellness Book» standen aber harte medizinische Fakten zur Selbstfürsorge und Gesundheitsförderung.

Und heute schimpft sich jede Pension, die fließend Wasser im Keller hat, «Wellness-Hotel».

Es gibt sogar Wellness-Socken!

Was können die? Machen die selbständig Aufguss?

Warme Füße – ist doch schon was.

Was dieser Trend aber ohne Frage bewirkt hat: Die Idee, dem Körper Gutes zu tun, zu entspannen, sanfte Impulse zu setzen, ist in der Mitte der Gesellschaft angekommen. Früher ging man alle zwei Jahre zur Kur, wenn die Kasse den Antrag bewilligt hatte. Heute gönnt man sich ein Wochenende in der Therme.

«Sag mir Fango, sag mir, wann» – ich könnte das auch mal wieder gebrauchen!

Jetzt sind wir selbst aber wieder sehr unachtsam mit unserem Thema für dieses Kapitel, also: von den warmen Füßen zurück zum kühlen Kopf. Warum boomen diese Meditations-Apps bei den Smartphone-Nutzern? Die jungen Erwachsenen der Multi-Options-Generation verhalten sich wirklich anders als wir und unsere Eltern: Sie heiraten später, legen sich nicht so schnell auf eine berufliche Laufbahn fest und zögern auch das Kinderzeugen und Häuschenbauen hinaus. Deshalb haben sie auch keine Hauskredite abzubezahlen und Zeit und Geld, aufs Smartphone zu gucken und sich alles runterzuladen, was angesagt ist.

Ist die Generation Y tatsächlich entspannter oder einfach selbstbezogener und ständig am Optimieren ihrer Möglichkeiten? Oje, jetzt rede ich auch schon abfällig über «die Jugend» – das ist ein untrügliches Zeichen der eigenen Verkalkung.

Seit den alten Griechen sind die Vorwürfe an die junge Generation die gleichen. Es gibt aber auch viele aktuelle Belege dafür, dass die dauernde Beschäftigung mit den «sozialen Medien» unglücklich macht.

Das leuchtet mir ein: Ständig sieht man bei anderen, wie gut es denen geht. Da kommen Fotos von langen Beinen im Sand, leckerem Essen, Kussmund auf der Party. Und jeder, der das sieht, denkt: Allen geht es gut außer mir! Alles wird Entertainment, alles muss witzig, ironisch, teilbar sein. Neil Postman, der amerikanische Soziologe, nannte das 1985 bereits in seinem immer noch lesenswerten Buch: «Wir amüsieren uns zu Tode!»

Klar ist das ein Irrweg mit den ständigen Vergleichen, das gilt auch für das Diktat der guten Laune, aber für mich zeigt sich in dem Meditations-App-Boom auch ganz deutlich das tiefe Bedürfnis nach einem «Ankommen» bei sich selbst. Je lauter die Welt ist und je mehr Kanäle ständig um deine Aufmerksamkeit konkurrieren, desto mehr sehnt sich der Mensch nach einer Pause. Jon Kabat-Zinn nennt es mit einem Augenzwinkern «Full catastrophy living». Lebe die volle Katastrophe!

Von welcher Katastrophe redet er da? Ich muss dabei an den Filmklassiker «Alexis Sorbas» denken: Da fängt Anthony Quinn mitten im Sturm des Lebens plötzlich an, zu tanzen und zu lachen und vor Freude völlig außer sich zu geraten.

Ja genau, die großen und kleinen Katastrophen sind wie Wellen. Es geht darum, nicht alles so ernst zu nehmen. Sich nicht von der Welle überrollen zu lassen, sondern sie zu surfen – oben zu bleiben, über Wasser. Denn oft kann man ja nicht weg. Das habe ich neulich beim Zugfahren erlebt: Auch anderer Leute Stress ist ansteckend. Da kam eine vielleicht 25-jährige Frau in den Großraumwagen und merkte nicht, wie sie mit ihrem lauten Telefonieren die ganzen Reihen vor und hinter sich tyrannisierte. Ich saß zwei Meter weit weg, kannte aber nach zehn Minuten lauter Details aus ihrem Leben, die ich nie hatte wissen wollen! Von verpassten Anschlüssen, Stress mit dem Ex und dem Neuen, Prüfungen, die kaum zu schaffen sind – einfach alles zu viel. Nicht nur ihr, sondern dem ganzen Wagen! Bei vielen stellten sich die Nackenhaare auf. Und plötzlich war Ruhe!

Was war passiert? Hatte ihr jemand das Handy weggenommen? Akku alle?

Im Gegenteil. Ich lugte zwischen den Sitzen durch und sah, dass sie das Telefonat beendet hatte, aber weiter auf ihr Handy fixiert war. Und was lief da? Ein Meditationsfilmchen, in dem gezeigt wurde, wie ein Kanu durch den Urwald treibt. Und die Frau war über die Kopfhörer und den Bildschirm offenbar wirklich in einer anderen Welt, völlig absorbiert von dem virtuellen Urwald.

Und ruhiggestellt. Früher gab es die Raucherpausen – aber heute schaut jeder, wenn er mal Luft hat oder braucht, auf sein Display.

Für mich zeigt es, dass wir alle die Fähigkeit haben, innerhalb von kurzer Zeit in einen inneren Ruhemodus zu gehen. Das hat auch Herbert Benson systematisch untersucht – als erster Wissenschaftler und Mediziner weltweit. Inzwischen sind seine Forschungsergebnisse zigfach bestätigt worden. Hinter dem Phänomen der Entspannung steckt jede Menge spannende Biologie – sie tut uns enorm gut, wir haben rich-

tig Sehnsucht danach. Aber fälschlicherweise suchen wir den inneren Frieden irgendwo da draußen.

Das erinnert mich an den Mann, der in einen Geschenkartikelladen kommt und die Verkäuferin anschreit: «Ein Geduldsspiel – aber zack, zack!»

Das ist deine Welt. Ich könnte auch Goethe zitieren, der vor über 200 Jahren sagte: «Die beste Freude ist wohnen in sich selbst.»

Dafür hat der alte Geheimrat aber ganz schön viele Frauen unglücklich gemacht, denen er «beiwohnte»! Der suchte offenbar auch die Innerlichkeit aushäusig.

Das ist – wie alles – nicht schwarzweiß. Dahinter stehen Urbedürfnisse des Menschen, wie sie zum Beispiel der amerikanische Psychologe Clayton Alderfer beschrieben hat.

Ich kenne nur die Bedürfnispyramide des amerikanischen Psychologen Abraham Maslow, die muss man in jedem Psychologieseminar lernen. Das breite Fundament dieser Pyramide bilden Bedürfnisse wie Sicherheit und Nahrung, ganz oben in der kleinen Spitze steht Selbstverwirklichung. Ich verstehe die Bedürfnisse weniger als eine starre Hierarchie, eher als eine Abfolge über die Lebenszeit: Als Baby brauche ich natürlich Sicherheit, Nahrung und Kontakt. Da stand Selbstverwirklichung noch nicht auf meiner Agenda, soweit ich mich erinnern kann ...

Ich sehe das gar nicht von unten nach oben sortiert, also dass die Bedürfnisse der «höheren» Ebene erst dann auftauchen, wenn die unteren erfüllt sind. Die Wünsche nach Existenzsicherung, Verbundenheit und Wachstum – sie bezeichnet Clayton Alderfer als die wichtigsten – tauchen oft gleichzeitig auf. Die Bedürfnisse sind viel enger miteinander verwoben.

Ist das bei jedem so? Sind das verschiedene Lebensphasen?

Wenn du aus dem Babyalter raus bist und die Chance hattest, in Ruhe aufwachsen zu können, wird die Welt vielschichtiger, bunter, offener. Auch komplexer. Je älter wir werden, desto unabhängiger werden wir von den Eltern und stillen unsere Bedürfnisse nach Freiheit, Wachstum und Autonomie auch außerhalb der Familie. Aber für mich sind im Gegensatz zu anderen Wissenschaftlern die beiden Pole «Raus in die Welt» und «Bei sich sein und im Urvertrauen ruhen» keine Gegensätze, sondern zwei Seiten derselben Medaille. Sicherheit und Verbundenheit bilden die Basis für Wachstum und Eigenständigkeit – wie bei einem Baum, der sich aus einem Keimling im Boden entwickelt.

Als Jugendlicher denkst du doch: Ich brauche niemanden. Und: Keiner ist so schlau wie ich. Aber so in der Mitte des Lebens dämmert einem dann: Kein Mensch ist eine Insel. Und was wir alleine nicht schaffen, das schaffen wir dann zusammen ...

Dieser Weg wird kein leichter sein! Aber es ist ein notwendiger innerer Weg von der Selbstüberschätzung zur Überwindung des Egos. Als Kind machst du im besten Fall die Erfahrung:

Wenn ich Hilfe brauche, wird mir geholfen. Mit den Jahren kannst du dir immer öfter selbst helfen. Und dann entdeckst du: Es gibt Dinge, bei denen dir keiner helfen kann, mit denen du selber fertigwerden musst, sonst machen sie dich fertig. Stabil sind diejenigen Menschen, die dann immer noch ein Gefühl von «Gehaltensein» und Zutrauen und Vertrauen in die Welt haben. Für manch einen ist das auch Teil ihres Glaubens.

Trotz Kriegen, Trump und Klimakatastrophe? Woher kommt eigentlich dein Optimismus, hast du dir den herbeimeditiert? Oder bist du ein Naturtalent?

Na ja, ich habe im Leben auch schon zwei-, dreimal eine existenzielle Krise erlebt, bei der ich das Gefühl hatte: «Das könnte es jetzt gewesen sein.» Zum Beispiel, als ich 1994 als Medizinstudent in Malaysia lebte und Dengue-Fieber bekam. Eine dieser kleinen Stechmücken hatte mich damit infiziert, und dann lief das volle Programm in meinem Körper ab: hohes Fieber und Schüttelfrost, ich fühlte mich elend, mit extremen Kopf-, Muskel- und Gliederschmerzen, schlimmer als bei einer schweren Grippe. Ich hatte Blutungen in der Haut und auch innere Blutungen, lag siechend auf dem Bett, trank nur Wasser, das ich mit einer meiner letzten Tabletten entkeimt hatte. Ins Krankenhaus hatte ich es nicht mehr geschafft, weil ich schon zu schwach war. Innerhalb kürzester Zeit verlor ich fast zehn Kilogramm Körpergewicht. Wie ernst die Lage war, wurde mir erst später klar. Außer einer Kassette mit einer Achtsamkeitsmeditation, gesprochen von Jon Kabat-Zinn, hatte ich nichts Erhellendes, und es gab auch keinen Kontakt zur Familie oder zu sonstigen Bezugspersonen daheim. Und dennoch entdeckte ich in mir eine tiefe innere Zufriedenheit, dieses Gefühl, dass es eben so ist, wie es ist – und dass ich das akzeptieren muss. Und kann.

Wow. Und wie wurdest du wieder gesund?

Das Dengue-Fieber heißt auch «Siebentagefieber». Nur wusste ich das damals nicht. Es stand wohl Spitz auf Knopf, aber wenn du diese eine Woche irgendwie überlebt hast, dann geht's langsam wieder bergauf. Ich lag da mit der Idee: «Ändere, was du ändern kannst, akzeptiere, was du nicht ändern kannst ...» Von aktivem Problemlösen konnte kaum mehr die Rede sein – loslassen ... atmen –, und irgendwann löste sich das Problem nach dem langen Liegen von alleine, und mir ging es langsam wieder besser.

Das war noch alles vor der Zeit der Mobiltelefone und der Globalisierung. Drastisch formuliert: Du warst am Arsch der Welt am Arsch! Aber du musst doch zwischendurch auch mal gedacht haben: Was soll der ganze Mist? Warum kann ich mich nicht wie jeder andere Medizinstudent in einem deutschen Provinzkrankenhaus langweilen?

Das Absurdeste war: Ich hatte mir ein Urlaubssemester für «tropenmedizinische Studien» genommen – und hätte mir nie träumen lassen, dass ich plötzlich selbst vom Forscher zur Versuchsperson werden würde.

Das nennt man in der Feldforschung doch «teilnehmende Beobachtung», oder? Nachher kann man drüber lachen. Beim Humor wie auch beim Meditieren geht es um eine Beobachterposition. Wir schauen uns bei unserem Tun über die Schulter. So können wir uns sprichwörtlich auf den Arm nehmen und damit die Schwerkraft des Lebens ein Stück weit überlisten. Eine gute Frage in dieser Hinsicht: Was wäre an meiner Situation komisch, wenn ich nicht selbst beteiligt wäre?

Humor und Meditation sind beides Mittel, sich der eigenen Freiheit im Kopf bewusst zu werden. Du kannst dir sagen: «Schlechter kann es jetzt nicht mehr werden», oder, positiv formuliert: «Was brauch ich mehr als den nächsten Atemzug?»

Wie so viele habe ich als Jugendlicher alles von Hermann Hesse verschlungen. Er hat auch das Gedicht «Glück» geschrieben:

Solang du nach dem Glücke jagst,
Bist du nicht reif zum Glücklichsein,
Und wäre alles Liebste dein.

Solang du um Verlornes klagst
Und Ziele hast und rastlos bist,
Weißt du noch nicht, was Friede ist.

Erst wenn du jedem Wunsch entsagst,
Nicht Ziel mehr noch Begehren kennst,
Das Glück nicht mehr mit Namen nennst,

Dann reicht dir des Geschehens Flut
Nicht mehr ans Herz, und deine Seele ruht.

Mitten in Malaysia in einem desolaten körperlichen Zustand hatte ich genau dieses Gefühl: Eigentlich ist alles gut. Ich fühlte inneren Frieden. Wunschlos glücklich, weil kein Begehren mehr da war – man wird maximal bescheiden.

Kann ich das bitte auch ohne Dengue-Fieber haben? Oder brauchen wir solche einschneidenden Erlebnisse, brauchen wir jahrelange Meditationspraxis, bis wir Erleuchtung erlangen, Meister?

Nein, erleuchtet bin ich nicht, mir reicht schon eine Ahnung von dem Gefühl, das der buddhistische Mönch Ajahn Brahm so beschreibt: «Wenn du zufrieden bist, bist du frei.»

Frei kann man von etwas sein – oder für etwas. Frei von Zwang etwa oder frei, etwas zu tun – aus freien Stücken. Ich bewundere dich, denn ich fühle mich oft getrieben, unfrei, unzufrieden. Ich kann schlecht abschalten, weil mir tausend Dinge durch den Kopf gehen, was es alles zu tun oder zu verbessern gäbe.

Dabei würde doch jeder von außen fragen: Was willste denn noch? Aber ich glaube, du kommst da auch hin in der zweiten Lebenshälfte, mehr Dankbarkeit als Antrieb zu spüren. Du weißt, dass man das trainieren kann, du versuchst es ja schon.

Du meinst das Dankbarkeitstagebuch? Und mein Dankbarkeitsfotoalbum, mit dem ich schöne Momente festhalte?

Genau. Und du musst das gar nicht schriftlich machen oder mit einem Foto. Morgens oder abends nimmst du dir einen Moment in Stille und zählst innerlich Dinge auf, für die du dankbar bist – womit du, spirituell betrachtet, «gesegnet» bist. Diese Übung ist sehr wirksam, um den Geist von der Fixierung auf die Probleme, Sorgen und Vergleiche mit anderen zu lösen. Dann können sich positive Gefühle ausbreiten, das spürst du richtig im Körper. Das ist sehr gesund.

Kurzzeitig gelingt mir das schon. Aber dann entgleitet es mir wieder, weil ich mich über irgendetwas ärgere oder aufrege. Das ist ja ein Teil der Entwicklung, auf die ich mich freue, dass mit der Erfahrung Menschen nachweislich positive Gefühle stärker und negative Gefühle schwächer wahrnehmen. Auf gut Deutsch: Man bekommt ein dickeres Fell. Ist das Weisheit oder Abstumpfen?

Das Phänomen nennt sich «Positivitätseffekt» – er ist offenbar eine Grundeinstellung unserer Biologie. Wenn wir älter werden, schütteln viele von uns den Ballast der Negativität ab. Dabei hilft als Erstes: das Älterwerden! Wir haben ja bereits in der «Million Women Study» gesehen, dass der wichtigste Treiber der Zufriedenheit die Tatsache ist, über 60 Jahre alt zu sein. Denn bis dahin hat man in der Regel oft genug erlebt, dass es sich nicht lohnt, an die Decke zu gehen. Unser Kollege Dilip Jeste, Neuropsychiater und Experte für gesundes Altern, stellt dazu fest, dass Ältere besser darin sind, mit stressigen Situationen umzugehen, sie zu bewältigen. Sie lernen, sich nicht von den kleinen Dingen ins Schwitzen bringen zu lassen. Viele Unannehmlichkeiten, die zuvor noch große Dinge waren, werden über die Zeit klein. Diese Form von Weis-

heit nimmt mit dem Alter zu: Ältere sind geübter darin, komplexe soziale Entscheidungen zu treffen. Sie haben weniger schnell negative Emotionen als die Jüngeren, und wenn sie sie haben, dann bleiben diese kürzer haften. Sie lassen sie wieder los.

Kommt Gelassenheit von lassen? Von Loslassen und weiterziehen lassen? Du hattest beim Dengue-Koma genug Zeit, fixe Ideen loszulassen mit deiner Kassette von Jon Kabat-Zinn. Ich kenne von ihm eine geführte Meditation, bei der man sich vorstellt, ein Berg zu sein. Wenn dunkle Wolken oder Gedanken kommen, lässt man sie einfach weiterziehen und weiß: Das Wetter vergeht; den Berg, der in sich ruht, erschüttert nichts so schnell.

Es geht nicht nur um die Vermeidung oder das Abperlen von negativen Gefühlen, sondern auch um die feineren Antennen für positive Emotionen. Eine eindrückliche Studie der Entwicklungspsychologin Ute Kunzmann zeigte, dass ältere Menschen nicht einfach «verflachen» und alle Gefühle seichter werden. Sie zeigte den Versuchspersonen Fotos und Filme von lachenden und weinenden Kindern und Jugendlichen. Dabei wurden die Betrachter selbst beobachtet und anschließend nach ihrer Stimmung befragt. Siehe da: Die positiven Emotionen waren «ansteckender» als die negativen. Je älter wir werden, desto weniger reagieren wir auf Ärger, Angst und Traurigkeit.

Meine Oma wurde immer ängstlicher, je älter sie wurde. Und sie war auch misstrauischer der Welt gegenüber, je weniger sie alles mitbekam. Ist sie die Ausnahme? Und was muss ich tun, damit es mir später mal besser geht als ihr?

Nicht alles haben wir in der Hand. Aber die Chancen auf Zufriedenheit steigen mit mehreren aktiven Schritten. Bildhaft gesprochen ist die Seele der älteren Menschen vielleicht wie ein Schwamm, der mit positiven Emotionen «bewässert» werden möchte. Aber wenn ihr Reservoir austrocknet, verliert sie ihre Schwingungsfähigkeit und wird spröde. Menschen ohne eine lebhafte soziale Umgebung sind nachweislich unzufriedener.

Stimmt, meine Oma war die allermeiste Zeit alleine, nachdem ihr zweiter Mann, geschwächt durch lange Jahre der Kriegsgefangenschaft, verstorben war. Ihre große Stütze, ihr Schäferhund Wotan, hielt allerdings auch nicht so lange durch wie sie. Wir Enkel waren nur in den Sommerferien bei ihr – vielleicht hätte ihr mehr Einbindung gutgetan.

Tipp Nummer eins, um den Positivitätseffekt für sich zu nutzen, klingt banaler, als er ist: Verbringe viel Zeit mit ansteckend fröhlichen Menschen.

Das kenne ich als Argument, warum sich so viele auch noch mit weit über 80 weigern, in ein Heim zu gehen: «Was soll ich da, da sind doch nur alte Leute!»

Tipp Nummer zwei: Bewegung. Innerlich und äußerlich. Tanz und Musik. Umgib dich mit Dingen, die nicht mit Alter und Gebrechen assoziiert sind, sondern mit Beweglichkeit – und die im besten Fall zeitlos sind. Und dann: Gehe in die Natur,

tauche zum Beispiel regelmäßig in den Wald ein – «Waldba-
den», wie das jetzt heißt. Sei also viel und beständig draußen.
Und wenn das nicht geht, schaue auf Flächen mit vitalisieren-
den Farben – wie zum Beispiel die Farbe Grün.

Ist das alles? Was kann ich denn noch tun, um schneller
zu diesem glückseligen Zustand zu gelangen? Du merkst
schon, ich kann es nicht abwarten, zur Ruhe zu kommen!
Hierzu fällt fällt mir ein Gedicht von Bertolt Brecht ein,
«Radwechsel»:

> Ich sitze am Straßenhang.
> Der Fahrer wechselt das Rad.
> Ich bin nicht gern, wo ich herkomme.
> Ich bin nicht gern, wo ich hinfahre.
> Warum sehe ich den Radwechsel mit Ungeduld?

Brecht hat das 1953 geschrieben, da war er schon 55 Jahre
und hatte auch nicht mehr lange zu leben. Hat der gute
Mann es demnach nicht in die U-Kurve geschafft?

Aus einem Gedicht würde ich nicht auf den Gesamtzustand
schließen. Brecht hat ja auch ganz andere, sehr poetische Mo-
mente festgehalten, in denen er Erlebnisse in der Natur be-
schreibt und sich ganz anders anhört. Aber der Radwechsel
beschreibt das Grundgefühl der Moderne: Getriebensein ohne
Rast und ohne Ziel.

Das kennc ich sehr gut von mir. Wenn ich eins nicht ertragen kann, ist das unproduktiver Stillstand. Wenn ich in der
Bahn, am Flughafen oder im Stau hängenbleibe und nichts

an der Situation ändern kann, kann ich meine mühsam erworbene Achtsamkeit und meinen Humor komplett verlieren.

Warten ist eine hohe Lebenskunst. Warten können, wenn man warten muss, ist die Fähigkeit zu akzeptieren, was ist. Etwas leichter gelingt es, wenn man warten will. Zum Beispiel auf den Weihnachtsmann. Oder in Pubertät auch auf andere schöne Dinge. Es ist der Unterschied zwischen Ohnmacht und Kontrolle, Müssen oder Muße.

Warten ist wie Nichtstun ... mit beidem habe ich Probleme.

Du solltest dich aber dazu zwingen, immer wieder nichts zu tun! Denn dein Gedächtnis braucht diese Phasen der äußeren Ruhe. Wichtiges wird abgespeichert, Unwichtiges entfernt. Phasen der Muße und Entspannung sind nur scheinbar unproduktiv, weil man von außen «nichts» sieht. Im Inneren aber ist es Arbeit, es passiert ganz viel in diesen Momenten. Aber wir setzen leider Entspannung mit Faulheit gleich, weshalb solche Phasen der inneren Einkehr im Arbeitsleben keinen Raum haben. Wir haben sie erst in den Feierabend, dann auf das Wochenende und schließlich auf den Familiensonntag verschoben – und letztlich ganz verbannt. Auch am Abend und am Wochenende werkeln wir und sporteln wir. Wir tun dies und das – nur eben nicht «nichts». Und dann wundern wir uns über zunehmende Vergesslichkeit, Unkonzentriertheit und Unzufriedenheit. Gut Ding will Weile haben – abwarten und Tee trinken.

Nichtstun macht aber nur dann Spaß, wenn man was zu tun hätte!

Ja, aber wenn man viel zu tun hat, erfordert das Nichtstun auch viel Disziplin. Deshalb finden wir wohl diese Phasen der Muße in der Jugend oder in mittleren Lebensphasen seltener. Das ist biologisch so «gewollt», weil unsere Lebens-To-do-Liste noch so unendlich lang ist. Es ist immer etwas zu tun. Aber wenn wir älter werden, dann haben wir vieles schon gemacht und erlebt, da nimmt der Impuls zum sofortigen Aufbruch und Tun ab. Das Betrachten des bereits Geleisteten und Erschaffenen entlockt ein inneres Lächeln und eine gewisse Genugtuung.

Auch ein schönes Wort. Fällt mir jetzt erst auf, dass in Genug-Tuung ja drinsteckt: Es ist genug getan. Es reicht. Du bist reich, wenn du weißt, dass du genug hast. Ohne Hast.

Du kannst dich auch als geistige Übung mal in dich selbst als alten Menschen hineinversetzen und von dort in einer Gedankenreise zurückschauen. Dann siehst du, was du dafür tun kannst, gut in der Zukunft anzukommen und mit Freude und Stolz auf Dinge zurückschauen zu können. Vielleicht nimmst du dir ein Beispiel an meiner 85-jährigen Mutter, du kennst sie ja. Sie hat mir, als sie von unserem Buchprojekt hörte, eine rührende E-Mail geschrieben:

Am «Abend des Lebens» gilt es, eine ganz neue Einstellung zum Leben zu finden. Ich habe dabei das Bild eines Blumenkelchs vor mir. Erst die aufgehende Knospe mit einem sich rasant nach oben hin öffnenden Kelch. Es sind die ersten, jungen Jahre voll Freude, Vorwärtsdrang, sprudelnder Ideen. Freunde, Glückseligkeit! «Hurra, das Leben ist schön!» Aber der Kelch ist noch fragil.

Die Freundschaften bleiben, werden Selbstverständlichkeit, geben Schutz, Hilfe, Verlässlichkeit in guten und bedürftigen Zeiten. Die hinzukommende Familie beansprucht einen größeren Raum, wächst mit hinein. Der Kelch weitet sich, wächst weniger in die Höhe, mehr in die Breite. Man ist zufrieden, arrangiert sich mit den Gegebenheiten, die das Leben mit sich bringt. Der Kelch wird stabil, tragfähig, gibt Sicherheit.

Eines Tages dann, in der letzten Phase, werden die Schritte kürzer, der Radius enger, die Pläne noch kurz nach vorn gerichtet, immer öfter mit dem einschränkenden Satz: «Wenn es dann noch geht.» Eine große Ruhe, Gelassenheit stellt sich ein. Man regt sich nicht mehr auf, zieht in den Zuschauerraum, während die jetzt Nachkommenden auf der Bühne des Lebens agieren.

Ich stehe am Rand meines Blumenkelches und blicke in ihn hinein. Kaum vorstellbar, wie es ohne diesen oder jenen Freund und Wegbegleiter verlaufen wäre. Mit ihnen allen war es reich. Eine große Dankbarkeit erfüllt mich, schließt sich wie ein Dach über meinem Leben. Die Spitzen des Blütenkelchs verhüllen es und «behüten» es.

So nehme ich jetzt laufend Abschied von schönen Stunden, Tagen, Wochen, behalte sie in Erinnerung, bin voll tiefer Dankbarkeit für jede einzelne Phase. Ich danke meinem

Schöpfer, dass ich das Glück hatte, ein kleines Stück Weg auf dieser Welt mitzugehen. Was hätte ich alles verpasst!

Und ich stelle fest: Mit der erlangten Zufriedenheit ist die aufsteigende Glücksspirale noch nicht zu Ende. Da fehlt der Deckel, der zufriedene Abschluss für mein Leben – die große, innere Dankbarkeit.

KAPITEL ACHT

Was unsere Ahnen so alles geahnt haben

**Wie Großmütter die Gesellschaft
zusammenhalten**

Und: wieso es keine Tiere mit Socken gibt

DER ÄLTESTENRAT

«Freut euch nicht zu spät.»
JANICE JAKAIT

Der Brief deiner Mutter klingt noch nach. Das ist eine gute Gelegenheit, über Werte zu sprechen, die über mehrere Generationen Bestand haben. Was hast du von deinen Großmüttern gelernt?

Leider habe ich beide nicht mehr erlebt. Aber ich kenne natürlich die Geschichten über sie. Sie gehörten zur Kriegsgeneration. Die eine Großmutter war Krankenschwester, die andere hielt Haus und Hof zusammen, denn ihr Mann war Bürgermeister in dem kleinen Ort Marne in Schleswig-Holstein. Er war großzügig – sie litt wie einige Menschen, die einmal hungern mussten, unter einer Art «Verarmungswahn». Mein Opa gab seinen Nichten und Neffen Schokolade immer mit dem Zusatz: «Aber sagt es nicht der Clara.» Oma hat jede Pralinenschachtel, die sie geschenkt bekam, gehortet und sich für bessere Zeiten aufgespart. Als sie starb, fand man Unmengen vergammelter Schokolade im Kleiderschrank.

Wie traurig. Aber diese Denke kommt mir bekannt vor: Das eigentliche Leben kommt ja erst noch. Spare in der Zeit, dann hast du in der Not. Das kann ich gut verstehen bei der

Generation, die wirkliche Not erlebt hat. Aber auch Menschen haben ein Mindesthaltbarkeitsdatum, vor dem man die Schokolade besser genießt.

Man hört oft die Geschichten, dass viele ihre Kleider für besondere Anlässe aufheben. Und bei der eigenen Beerdigung in einem nagelneuen, ungetragenen Anzug im Sarg liegen.

So als ob das ganze Leben nur eine Generalprobe ist und es nie zur Premiere kommt. Deshalb mag ich die Kunst des Improvisationstheaters so gerne: Man stellt sich ohne Text «nackt» auf die Bühne und muss auf Zuruf reagieren. Eigentlich ist das ganze Leben Improvisation, denn die wenigsten von uns haben schon mal gelebt. Oder, um es mit den Worten von Forrest Gumps Mutter zu sagen: «Das Leben ist wie eine Schachtel Pralinen. Du weißt nie, was du bekommst!»

So etwas Ähnliches sagt deine Frau über dich: «Eckart ist mein Adventskalender. Jeden Morgen ein Türchen, und du weißt nie, was du kriegst!» Was weißt du über deine Großmütter?

«Großmama» mütterlicherseits war für uns Enkel sehr wichtig, wir liebten sie heiß und innig. Sie war in großbürgerlichen Verhältnissen im Baltikum aufgewachsen und fing nach Umsiedlung und Flucht nach Kriegsende 1945 wieder ganz unten an. Wenn ich mich heute an ihre Wohnung erinnere und an die gemeinsamen Urlaube in einem bescheidenen Häuschen in Österreich, ist mir klar, wie sie hinter den Kulissen gekämpft haben muss, um sich ihre Würde nicht nehmen zu lassen.

Würdest du sagen, sie hat die Zufriedenheits-U-Kurve erlebt und gelebt?

Ja, durchaus. Sie hatte eine Herzenswärme, die für mehrere Generationen reichten. Sie brachte die Menschen zusammen. Immer wenn sie Bahn gefahren ist, stieg sie in ein Abteil mit Unbekannten und kam mit zwei neuen Freunden wieder raus. Ich habe sie nur in ihren letzten Jahren erlebt, aber sie wirkte bei allen Schwierigkeiten mit ihrem dementen Mann im Frieden mit sich und der Welt.

Siehst du, Eckart, dafür sind Großeltern im besten Falle da. Den Enkeln zu vermitteln: Das Leben lohnt sich. Und das können sie besser als die Eltern, die gerade voll im Brass stecken. Bei mir hat mein Großvater diese Rolle übernommen. Ich erinnere mich noch genau, wie es war, bei ihm auf dem Schoß zu sitzen. Als ich fünf Jahre alt war, zog er für seine letzte Lebensphase bei uns ein, und ich brachte ihm vormittags den Kaffee. Meine Eltern durften das nicht wissen, aber er hat seinen Kaffee mit mir geteilt.

Aber das schmeckt einem als Kind doch gar nicht!

Mir schon! Mit viel Milch und Opas Weisheiten waren das die Sternstunden meiner Kindheit! Von ihm habe ich Gelassenheit, Großzügigkeit und den Blick fürs Wesentliche gelernt. Und was hat dir deine Großmutter mitgegeben?

Ich fing früh mit dem Zaubern an. Zuerst hatte ich die typischen Auftrittsmöglichkeiten bei Kindergeburtstagen, Gemeindefesten und in Altenheimen. Meine Großmutter

freute sich über meine Aufführungen und machte sich sogar Gedanken über einen geeigneten Künstlernamen. Sie
kam darauf, meinen Vornamen rückwärts zu lesen: Tracke!

*Wie nett. Ich weiß allerdings nicht, ob du mit dem Namen so
bekannt geworden wärst.*

Sie nahm mich auch zur Seite und sagte: «Pass auf dich auf,
werde nicht billig.»

Was meinte sie damit?

Sie merkte offenbar früh, dass ich ein Entertainer-Talent
hatte, und sah auch die Versuchung, für Applaus und einen
Lacher alles zu tun. Es gibt unter Komikern den Spruch:
«Für einen guten Gag verkauft er seine Großmutter.»

*Zum Glück hast du sie nicht verkauft, aber ich verstehe, dass
im Wertekanon deiner Familie die «Kleinkunst» nicht ganz
oben stand.*

Unsere Vorfahren prägen uns, ob wir ihnen nun nacheifern
oder uns von ihnen distanzieren wollen. Sie lassen uns nicht
kalt. Ich mag an dem Wort «Vorfahren», dass es beinhaltet,
dass da jemand schon mal «vorgefahren» ist. Es gibt eine
Spur, der wir folgen können – oder aus der wir ausbrechen
müssen. So oder so geben uns unsere Vorfahren eine Orientierung, worum es im Leben gehen könnte – und wohin.

*Für mich ist das auch eine biologische Begründung dafür,
warum die Menschen in der Regel so viel länger leben, als sie*

*sich fortpflanzen und arbeiten können. Für mich sind Groß-
mütter wie Bienenköniginnen: Ihre pure Präsenz sortiert das
wuselnde Volk, und wehe, die Königin stirbt – dann gehen
ganze Bienenvölker den Bach runter. Menschen können allerdings als soziale Wesen die Erfahrungen über mehrere Generationen sammeln, speichern und vor allem weitergeben.*

Eintagsfliegen kennen keine Omas. Es gibt überhaupt kein
Tier, das Socken trägt. Weil keine Oma sagt: Zieh dir was an
die Füße. Und weil sie keine Großmütter haben, die Socken
stricken können.

*Bei den Navajos, einem der größten indigenen Völker Ameri-
kas, ist die Großmutter die wichtigste Person der Familie. Sie
hat sogar einen speziellen heiligen Namen: «Shima Sani». Als
ich eine Ausstellung in einem Reservat in Utah besucht habe,
konnte ich sehen, für wie viele Dimensionen die Großmutter
dort steht: Sie zieht die Kinder auf, während die Eltern auf
dem Feld arbeiten oder jagen. Sie ist die Entscheiderin. Alle
wichtigen Fragen müssen ihr vorgelegt werden, damit ein fa-
miliärer Entschluss ihren Segen bekommen kann. Sie ist die
Lehrerin der Tradition, sie bewahrt die Kultur, vom Kochen
bis zum Beten. Sie hält die Familie unter allen Umständen zusammen – sie ist der «Klebstoff» des ganzen Volkes.*

Obwohl ich kaum kochen kann, habe ich zwei Süßspeisen
von meiner Großmama gelernt: «Schmandbonbons» und
«Goggelmoggel».

Was für ein Zeug?

Goggelmoggel! Da wird Eigelb mit Zucker verrührt. Wie du siehst, war meine Oma keine Gesundheitsexpertin, sondern mehr so die Naschkatze. Mit dem Klebstoff der Familie war bei uns vor allem Zucker gemeint. Aber: hat gehalten!

«Familienrezepte» gibt es auch auf anderen Ebenen. Werden ältere Menschen gefragt, warum sie morgens aufstehen, trotz aller Beschwerlichkeiten, sagen sie häufig: «Weil ich das Gefühl von innerem Frieden erfahren möchte», oder: «Ich möchte etwas weitergeben!» Das heißt heute auf schlau «Generativität». Damit ist die Fähigkeit gemeint, Fürsorge für eine andere Generation empfinden und leben zu können.

Die Generation «Kopf unten», der das Handy an die Hand angewachsen ist, denkt schnell: Wer nicht bei Facebook oder Instagram ist, hat mir nichts Wesentliches über das Leben mitzuteilen.

Eine Voraussetzung ist die gemeinsame Sprache. Und wenn es da nur noch um Klicks und Likes und Emojis geht, sehen die Alten natürlich alt aus.

Oder sie setzen uns, wie in meine Oma, genau diesen Floh ins Ohr: Pass auf dich auf, äußere Anerkennung ist nicht das Wichtigste im Leben – was aber nur dann überzeugend rüberkommt, wenn sie selbst diese innere Freiheit gefunden haben und vorleben.

Echte Autonomie entsteht, wenn man niemandem mehr etwas beweisen muss. Während sich die Jugendlichen für autonom halten, sind es die Alten tatsächlich oft viel mehr. Sie

*hängen ihr Glück nicht an Äußerlichkeiten. Sie haben Zugang
zu dem Frieden, der immer schon da ist, der in ihnen wohnt.*

Und umgekehrt: Was lernen die Oldies von den Enkeln?

*Jugendliche fordern die Alten heraus, nicht «altklug» zu
werden. Großeltern müssen ihre behauptete Weisheit in die
Jetztzeit übersetzen, sonst versteht sie keiner. Die Fähigkeiten,
wiederkehrende Muster im Großen zu erkennen, zu wissen,
wie Menschen ticken und was unsere Traditionen und Werte
sind – sie sind das eine. Das andere ist, eine Sprache zu finden,
die von der Jugend verstanden wird. Herausforderungen halten uns geistig fit und gesund. In Studien der amerikanischen
Altersforscherin Becca Levy zeigt sich das in der härtesten
Währung der Medizin, der Lebenserwartung: Wir gewinnen
7,5 Jahre dazu, wenn wir die «Altersblase» verlassen und uns
auf die nächsten Generationen einlassen.*

«Altersblase» hatte ich immer anders verstanden. Du
meinst die Filterblase der Gleichaltrigen.

*Genau. Dieser Draht über mehrere Generationen hinweg
zahlt sich gesundheitlich wirklich aus. Doch ein Drittel unserer Generation, der sogenannten Babyboomer, hat keine
Kinder mehr. Folglich wird es in unserer Gesellschaft so viele
kinderlose Alte geben wie noch nie zuvor. Und sie können natürlich nicht mehr die traditionelle Großelternrolle ausfüllen.*

Was ist mit Beziehungen außerhalb der engeren Familie?
Nicht jeder hat Partner gefunden, nicht jeder hatte das
Glück, Kinder zu bekommen. Nicht jeder wollte das. Margot

Käßmann hat das in einem Interview sehr treffend formuliert: «Ich bin froh, dass ich nicht gesagt habe: Kinder *oder* Karriere. Neulich musste ich lachen, als Alice Schwarzer sagte, sie hätte jetzt gerne Enkel. Aber Kinder wollte sie nie.»

Viele Frauen, viele Paare bleiben ungewollt kinderlos. Aber Generativität ist nicht nur ein biologisches, sondern auch ein soziales Prinzip. Generativität bedeutet, Wissen und Kultur weiterzugeben, über die Grenzen der eigenen Generation hinweg. Es ist das Weitergeben des Staffelstabs. Das muss nicht zwingend innerhalb der eigenen Familie sein. Es braucht dazu aber immer mindestens zwei: einen, der was zu sagen hat, und einen, der zuhört.

Um zu erleben, wie aus Kindern glückliche Erwachsene werden, muss man nicht selbst welche haben. Ich denke da an alle, die als Lehrer, Erzieher oder Ehrenamtliche in den Gemeinden und Sportvereinen viele Generationen prägen. Das kann ein befriedigendes Gefühl sein. Die heute über 60-Jährigen sind die tragende Säule der Engagement-Kultur.

Da hast du ihn wieder, den «Klebstoff» der Gesellschaft. Wer sich für andere engagiert, bekommt viel dafür zurück. Lebensglück und Lebenserwartung steigen mit dem Grad von Engagement und dem Gefühl, gebraucht zu werden.

Das sollte bei vielen, die sich um ihren Bauchnabel kreisend krankdenken, auf dem Rezept stehen: Kümmern Sie sich weniger um sich, kümmern Sie sich mal um andere, dann geht es Ihnen besser. Warum kann man leichter ASS und Fettsenker verordnen als Engagement und Ehrenamt?

Erich Kästner sagte: Es gibt nichts Gutes, außer man tut es. Unser Gehirn ist von Haus aus faul und nicht abenteuerlustig.

Deshalb sollten wir auch Beziehungen pflegen, die uns aus der Komfortzone ziehen, und runter vom Sofa.

Das wurde experimentell getestet: Berufstätige bekamen per Zufall die Aufforderung, einen Abend zu Hause zu bleiben und fernzusehen. Oder sie kamen in die aktive Gruppe, die sich nach Feierabend noch mit Freunden im Park treffen sollte und dabei Balanceübungen auf einem Seil machen musste. Vorher sagten die zur Aktivität Gezwungenen, dass sie daran keinen Spaß hätten. Sie trauten sich das nach der Arbeit nicht mehr zu und dachten, ein Ründchen auf dem Sofa zu verbringen sei erholsamer.

Es war, wie wir ollen Glücksforscher es prophezeit hatten: Zufriedener waren die Aktiven, die Geselligkeit, Herausforderung und Bewegung kombinierten. Und die, die sich auf dem Sofa passiv berieseln ließen, fühlten sich am nächsten Tag sogar weniger erholt!

Das ist mir als Fernsehschaffendem natürlich etwas peinlich, dass der beste Gesundheitstipp eigentlich heißt: Macht die Glotze aus und werdet aktiv. Oder etwas anders drückt es Rabindranath Tagore aus: Wer Bäume setzt, obwohl er weiß, dass er nie in ihrem Schatten sitzen wird, hat zumindest angefangen, den Sinn des Lebens zu begreifen.

Alle wollen zurück zur Natur!

Aber keiner zu Fuß!

KAPITEL NEUN

**Wieso Gartenarbeit nie endet,
aber glücklich macht**

**Warum japanische Ärzte
«Waldbaden» verschreiben**

**Und: was Eckart an Jane Goodall
bewundert**

DIE KRAFT DER NATUR

«*Die Natur braucht uns nicht. Wir brauchen die Natur.*»

TATTOO AUF DEM ARM EINER TEILNEHMERIN DES
AL-GORE-KONGRESSES «CLIMATE REALITY»

Ein Bild für die Freude im Alter ist die Gartenarbeit. Als Kind fand ich das bei meiner Oma total spießig. Sie war stundenlang draußen, hier Blätter zupfen, da Unkraut jäten, immer was, eigentlich nie fertig – aber glücklich dabei. Warum macht Gartenarbeit so zufrieden?

Du wirst lachen, auch dazu gibt es Studien! Zunächst einmal macht «Rumwerkeln» im Garten gesund durch die Bewegung. Jede halbe Stunde Unkrautjäten verbraucht ungefähr 180 Kilokalorien.

Joggen würde mehr bringen!

Ja klar, über 300 Kilokalorien. Aber deine Oma wäre nie gejoggt. Und im Garten blieb sie freiwillig eine halbe Stunde länger und kam in der Summe auf das gleiche Ergebnis.

Stimmt. Bis sie die Erdbeeren essen konnte, hatte sie deren Kalorien schon mehrfach verbraucht. So habe ich das nie gesehen. Die meisten Männer in dem Alter essen allerdings so, als wären sie Holzfäller, obwohl sie auf dem Sofa viel weniger Energie verbrauchen als die Oma im Garten.

Genau. Der zweite positive Effekt der Gartenarbeit ist, dass sehr viele Menschen dabei in das hineingeraten, was wir Flow nennen. Die Menschen steuern sich selbst unbewusst genau so, dass sie nicht überfordert und nicht unterfordert sind. Die Zeit löst sich quasi auf, die Gegenwart wird gedehnt. Alle drei beschriebenen Glücksformen sind hier miteinander verwoben: Es geht los mit Vorfreude, Typ A. Dann kommt Typ B: mit Anstrengung und dem befriedigenden Gefühl, etwas geschafft zu haben. Das Ganze resultiert schließlich in Typ C, innerer Freude, Verbundenheit mit der Natur und Zufriedenheit. Flow ist das Ineinandergreifen von A-, B- und C-Glück!

Da ist jeder ein kleiner Schöpfer in seinem Garten Eden. Und fährt auch die Ernte ein! Genauer gesagt, die Enkelkinder. Ich liebte es, bei Oma im Garten zu stromern, Stachelbeeren und Johannisbeeren zu naschen oder zum Nachtisch frisch gepflückte Erdbeeren mit Sahne zu essen. In der Psychologie gibt es ja den «Effort-Justification-Effekt», das ist die «selbstgestrickte» Begründung für einen erhöhten Aufwand – man nennt das auch den «Ikea-Effekt»: Weil wir die Möbel selbst fluchend zusammengeschraubt haben, sind sie uns mehr ans Herz gewachsen als ein baugleiches Regal, das komplett angeliefert wurde. So ist das auch beim Garten: Die selbst geernteten Früchte schmecken einfach am besten. Und gegen die Marmelade von Omas dieser Welt kann kein Schwartau ankochen!

Meine Mutter macht sogar ihren eigenen Honig.

Es ist die Ernte und die Erfüllung in der Gegenwart, die wir beim «Beackern» des eigenen Schrebergartens oder auch Balkons empfinden.

Ich bin ganz im Hier und Jetzt. Alle meine Gliedmaßen, alle meine Sinne – der Gleichgewichtssinn, Schmecken, Tasten, Hören, Riechen – sind an meinem Tun beteiligt: Das ist «Sinn-lichkeit» im wahrsten Sinne des Wortes. Der gesamte Kör-per und der gesamte Geist werden Teil dieser Tätigkeit. Das belohnt einen von innen – und wenn man nicht mal essen müsste, schlafen gehen oder Pipi machen, dann könnte das ewig so weitergehen.

Zum Pipimachen muss man doch den Garten nicht verlas-sen!

Du vielleicht nicht! Was ich gerade sagen wollte: Wenn die Zeit wie von selbst vergeht, hat man das Gefühl: «Es läuft.» Das Bild hatten wir ja schon, es passt auch hier wieder. Natürlich gilt das für viele andere Dinge, wie tanzen, Sport, Musik hören oder Musik machen. Aber der Garten steht auch für das Ge-hen und Vergehen, für das ständige zyklische Wechseln, das uns überall umgibt. In der Natur gehen wir in Beziehung zu den Jahreszeiten und damit zur Vergänglichkeit. Das heißt, wir erleben und verarbeiten in der Natur das Spiegelbild un-seres eigenen Lebenszyklus.

Durch die Blume gesagt: Der Garten lehrt uns, unsere ei-gene Kompostierbarkeit zu kompensieren. Erde zu Erde. Bio in die Tonne.

Du Poet.

Apropos: Das Gedicht von Rilke, das bei euch am Kühlschrank hängt und das wir am Anfang des Buches zitiert haben, passt doch hier wie die Faust aufs Auge.

Faust ist nicht von Rilke!

Du bekommst gleich Faust 2 zu spüren, *ich* mach hier die Witze!

Ruhig Blut, denn auch für dich und mich gilt: «Wir leben das Leben in wachsenden Ringen …» Das sieht man ja in der Natur an jedem Baum.

Warum tut es uns so gut, einfach im Wald zu spazieren? Was ist das für eine Qualität, die man oft erst zu schätzen weiß, wenn man ein bisschen reifer ist? Und ein paar Ringe mehr um die Hüften hat?

Die Natur zeigt uns, dass Dinge einfach passieren, ohne unser Zutun. Den ganzen Bürotag über quält uns der Gedanke: «Wir müssen noch dies oder jenes tun, wir müssen eine To-do-Liste abarbeiten, ohne uns läuft hier ja gar nichts!»

Oh ja, das Gefühl kenne ich zu gut. Und ich habe auch die unangenehme Eigenschaft, andere davon umgehend in Kenntnis setzen zu müssen, wenn jemand etwas übersehen hat oder ich meine, eine bessere Idee zu haben. Immer mit dem Unterton, dass es ohne mich irgendwie gar nicht läuft. Mein Lieblingskollege bei den Fernsehproduktionen hat das mal sehr schön auf den Punkt gebracht. Als das ganze Team wieder genervt von meiner penetranten Selbstüberschätzung war, meinte Thilo: «Weißt du was, Eckart? Auf deinem Grabstein wird auch noch stehen: ‹Wenn man nicht alles selber macht …›» Da hatte ich ein echtes Aha-Erlebnis und alle anderen ein Haha-Erlebnis.

Wenn man nicht alles selber macht … Das Sterben nimmt einem keiner ab. Das stimmt.

Aber der Natur ist das so erfrischend egal. Ich habe Deutschlands bekanntesten Oberförster Peter Wohlleben kennengelernt, der über «Das geheime Leben der Bäume» geschrieben hat. Von dem habe ich viel gelernt. Wusstest du, dass der meiste Sauerstoff in der Luft aus den Unmengen von Algen in den Ozeanen stammt? Selbst oben in der Eifel atmen wir Sauerstoff aus dem Meer ein.

Nee, das wusste ich auch nicht.

Ins Krankenhaus durfte man früher keine Blumen mitbringen. Es hieß, sie würden den Sauerstoff wegfressen.

Dabei weiß man schon lange, dass jedes bisschen Grün hilft, gesund zu werden. In der «Blick-aus-dem-Fenster-Studie» hat man in den 80er Jahren einmal 46 frisch Operierte im Krankenhaus aufgeteilt: Die eine Hälfte schaute ins Grüne, die andere auf eine Backsteinmauer. Die erste Gruppe konnte deutlich früher entlassen werden und brauchte weniger Schmerzmittel.

Es wurmt mich, dass das bis heute keine Konsequenzen für die Architektur für «Heilstätten» hat. Ich war kürzlich in der Jury eines Architektenwettbewerbs für ein neues Kinderkrankenhaus. Da werden immer noch Entwürfe eingereicht, die aussehen wie eine Wurstfabrik: Innenräume ohne Fenster, ohne frische Luft, ohne natürliches Licht – wie sollen Menschen dort gesund werden? Und die Menschen, die dort arbeiten, nicht krank? Aber was rege ich mich hier auf, wir suchen ja positive Beispiele, und ich wollte dir von Peter Wohlleben erzählen. Er kann einen wirklich für die kleinen Dinge im Wald begeistern: die Wechselwirkung der Wurzeln miteinander, die Kommunikation der Bäume durch die Luft, die unterschiedlichen Reizleitungen in der Rinde. Und irgendwann lagen wir beide auf dem weichen Waldboden, betteten unser Haupt auf eine der starken Wurzeln einer Buche. Und mir rutschte von ganz tief unten der Satz raus: «Weißt du was, Peter, wenn wir lange genug hier liegen bleiben, saugt der Baum uns einfach auf, und wir werden wieder Teil des Ganzen.»

Ein schönes Bild! Die Natur geht auch ohne mich weiter, selbst wenn ich mal drei Jahre nicht da bin – ob unterwegs auf dem Jakobsweg oder krank oder in einem Projekt versunken. Und plötzlich stelle ich fest: Es ist schon wieder Winter oder Frühling oder was auch immer – die Natur kann das alles ohne uns.

Die Natur braucht uns nicht. Wir brauchen die Natur. Im Wald fühlen wir uns instinktiv wie zu Hause, auch wenn wir nicht erklären können, warum. Unser Körper reagiert, unser Blutdruck sinkt – kurioserweise aber nur bei intakten Wäldern, nicht bei künstlichen Nadelholzplantagen, meint Wohlleben. Wir entspannen uns, vielleicht weil wir seit knapp zwei Millionen Jahren als Menschheit das Feuer nutzen, und dafür brauchen wir Holz. Redest du eigentlich mit Bäumen?

Früher öfter. In meiner Kindheit verschwand ich bei meinen Eltern gerne in der Natur, von unserem Haus ist es nicht weit zum Fluss, zur Böschung, zum Wald. Ich war stundenlang vertieft in einer Art Selbstgespräch mit der Natur.

Und was hat dir dein Freund, der Baum, geantwortet?

Es war so eine Mischung: Ich war Old Shatterhand und Winnetou gleichzeitig, ich war Held und Abenteurer. Natur war für mich Lebendigkeit, ständige Bewegung und Versteck! Wie war das bei dir?

Ich hatte als Kind einen Lieblingsbaum, eine Trauerweide im Fischtal in Berlin, auf die man gut raufklettern konnte. Dort saß ich oft mit meinem Kumpel, und wir redeten über unseren Frust mit den Mädchen. Und mein Vater ist mit mir morgens in den Grunewald geradelt, um Wildschweine zu beobachten. Das Tolle am Wald ist ja auch, was da alles *nicht* ist: keine Autos, keine Bildschirme, keine U-Bahn, nur U-hus. Aber diese Ruhe machen wir leider oft kaputt, weil wir durch den Wald rasen mit dem gleichen Leistungsdenken, mit dem wir sonst den Alltag bestreiten. Wir wollen vorankommen – selbst beim Sonntagsspaziergang! Da geht der Stress schon los: Um 9 Uhr fahren wir auf den Parkplatz, um 13 Uhr wollen wir im Restaurant sein und um 16 Uhr wieder am Parkplatz. Also hetzen wir durch den Wald. Dann findet ein Kind ein Blättchen, hält es hoch und fragt: «Guck mal, Papa, was ist das denn?» Und wir antworten: «Mach deine Sonntagsklamotten nicht dreckig und beeil dich.» Das Gefühl, mit der Natur zu verschmelzen, gibt es nur tief im Wald. Wohlleben hat mir verraten: Man hat fast überall das Recht dazu, querfeldein zu laufen! Macht nur keiner.

Das wäre wirklich gesund! Es gibt ja die allgemeine Empfehlung, sich mehr zu bewegen. Da ist man sich einig, querbeet durch alle Expertengremien, von der Weltgesundheitsorganisation bis zu unserem eigenen Manual für Gesundheitsförderung und Stressbewältigung: Bewegung bringt es! Am besten mindestens 30 Minuten am Tag.

Aber wie bringt man die Leute zum Bewegen? Jeder kennt den Ratschlag, aber der innere Schweinehund hält massiv dagegen und will einfach nicht Gassi gehen. Mit schlechtem Gewissen oder nur mit Zwang etwas zu tun, hält keiner lange durch. Es muss uns also nicht nur in Zukunft etwas bringen, sondern auch währenddessen schon gute Laune machen.

Stimmt! Die Gesundheitsförderung hat lange nicht verstanden, dass Verhaltensänderung ohne Freude und positive Gefühle nicht geht. Das neue Verhalten muss mindestens so attraktiv sein wie das, was ich dafür bleibenlassen soll. Man muss auch nicht jeden Abend eine halbe Stunde Extremsport treiben. Wenn mehr Leute täglich spazieren gehen oder mit dem Rad zur Arbeit fahren würden, ließen sich jede Menge Übergewicht, Diabetes, «Rücken» und andere Zivilisations-

krankheiten zum Großteil vermeiden. Und in der Natur werden in der Regel eben viel mehr Sinneseindrücke gesammelt als in einem Fitnessstudio.

Und es riecht besser! In der Kinder- und Jugendpsychiatrie bin ich mal mit einer Patientin rausgegangen und durch den Park gelaufen, statt das Gespräch wie sonst üblich im Arztzimmer zu führen. «Wie viele Vögel kannst du hören?», habe ich sie gefragt. Das Gespräch mit ihr verlief draußen in der Natur viel besser.

Psychologen glauben ja, dass Natur eine «weiche Faszination» ausübt, weil es uns guttut, vertraute Dinge zu sehen, die sich sanft verändern, wie die Blätter im Wald oder die Wellen am Meer. Natur finden wir spannend und entspannend zugleich, weil sie unsere Wahrnehmung nie überfordert: In ihr gibt es keine ständig wechselnden Reize wie auf dem Bildschirm, nicht das Gefühl, etwas zu verpassen. In Japan schicken Ärzte ihre Patienten zum «Shinrin Yoku». Das «Waldbaden» ist dort anerkannt als Therapie gegen Stress und Burnout. Bei uns verordnet kein Arzt einen Waldspaziergang, obwohl es für viele Leute sicher die richtige Medizin wäre.

Es ist die tägliche Summe vieler kleiner Entspannungsmomente und Bewegungen, die uns gesund hält. Nicht 50 Wochen durcharbeiten, dann in Urlaub fahren und sich mit dem Partner über die maximal optimierte Erholung streiten. Das geht auf Dauer schief.

Mich wundert, dass etwas, das uns so offensichtlich guttut, im Bewusstsein von Ärzten praktisch nicht stattfindet.

Vielleicht, weil man es nicht in eine Tablette pressen kann. Und wenn du auf das Rezept «Waldspaziergang» schreibst, kommt sofort die wieder Frage: Zahlt das die Kasse? Und die sagt dann: Sie müssen dafür nicht in den Wald. Es reicht auch, mit Latschenkiefer-Shampoo zu duschen.

Natur auf Kasse? Eigentlich kostet sie ja nichts, sie ist ein freies Gut für alle! Wer ein Händchen dafür hat und Freude daran, der kann mit einer bedachten Gartengestaltung auch Muster in der Natur verstärken, sie besser sichtbar machen. In Asien gibt es die Zen-Gärten. Dort versucht man, Elemente der Natur zu betonen, die genau dieses Gefühl von Verbundenheit, von Weitsicht bedienen, indem zusammenhängende Sichtachsen geschaffen werden.

Was mich anrührt in der Natur, ist dieses Gefühl einer erhabenen Schönheit. Ich kann staunen, wenn ich sehe, wie einzelne Bäume nebeneinanderstehen, mit unterschiedlich dicken Stämmen. Aber wenn man nach oben guckt, bilden ihre einzelnen Kronen zusammen trotzdem ein Ganzes, jeder Stamm trägt seinen Teil bei, damit es oben rund und schön wird. Als hätten sie sich «abgesprochen»; prosaisch hat sie vielleicht das Licht gesteuert, wie auch immer, aber sie nutzen optimal den Himmel, obwohl sie eben nicht aus einem Stamm sind. Schönheit fasziniert mich im Großen wie im Kleinen.

Ich erinnere mich an eine Grundlektion über unseren Körper – ausgerechnet von einem Pathologieprofessor. Da war ich im zweiten Semester und völlig überfordert damit, an den verschiedenen Gewebeproben zu erkennen, ob das nun Krebs ist oder nicht. Der kluge Mann sagte mir: «Stell dir nur eine intuitive Frage, wenn du durch das Mikroskop schaust – ist das, was du siehst, schön oder nicht?» Damit hat er einen ganz wichtigen Punkt benannt: Wir haben ein Empfinden für Dinge, die gesund sind. Wir haben ein Empfinden für geordnete Struktur, auch für das Chaotische in der Natur. Eine Zelle, die weiß, bis hierhin gehe ich und nicht weiter, ist mehr im Einklang mit dem Körper als eine Krebszelle, die Grenzen wild überschreitet. Das kann man sehen! Krebs ist hässlich, im wahrsten Sinne: Da gibt es einen dicken Zellkern neben einem mickrigen, alles sieht aus wie hingerotzt und unharmonisch.

Wir sind erst mal auf Gesundheit und geordnetes Wachstum voreingestellt. Ring für Ring, sehr ästhetisch, wie man an Baumscheiben schön sehen kann. Das gibt einem eine tiefe Befriedigung, wie ich finde, in mehreren Generationen, in viel größeren Zeitzyklen zu denken.

Machen wir es konkret. Wir gehen ja gerade an einem Weserarm, in der Nähe deines Elternhauses, spazieren. Der Baum ist sicher über 100 Jahre alt. Vielleicht hat er mit seinen frühen Trieben schon deine Eltern erlebt, als sie sich hier heimlich das erste Mal geküsst haben. Und jetzt machen wir beide uns an derselben Stelle ein halbes Jahrhundert später Gedanken darüber, was die Zukunft bringen mag. Aber der Baum da hat das alles schon ausgestanden, im wahrsten Sinne des Wortes. Das ist, glaube ich, auch der Grund, warum man gerne Bäume umarmt oder ihnen etwas erzählt, weil man denkt, die behalten das für sich.

Peter Wohlleben war da weniger romantisch. Er hat mir klargemacht, wie hektisch wir für die Bäume wirken müssen, weil sie ganz andere Geschwindigkeiten in der Kommunikation haben. Ich glaube, denen kommen wir so vor wie uns die Fliegen, die uns um den Kopf wirbeln und über die wir denken: Was haben die denn schon vom Leben kapiert? Ich glaube, die Bäume denken auch so über uns.

Lustige Vorstellung. Wir haben uns ja schon darüber unterhalten, wie die Menschen das Gefühl haben, die Dinge nicht mehr in der Zeit zu schaffen. Immer läuft man irgendwem oder irgendwas hinterher, alles ist so beschleunigt, dass es mit dem eigenen Rhythmus nicht mehr zusammenpasst. Sich so einen unnötigen Stress anzutun und zu verbreiten – das kann nur der Mensch. Die Natur kann das nicht. Sie sieht auch keine Notwendigkeit dazu. Der Baum kann nicht sagen: Ich habe jetzt mal Bock auf Frühling, wenn es gerade erst Dezember ist und draußen –3 Grad. Nein, Frühling ist, wenn Frühling ist, und Sommer ist, wenn Sommer ist, und die Blätter fallen erst, wenn der Herbst gekommen ist.

Dieses Stoische, diese Souveränität, die der Baum besitzt, wenn er einfach nur da steht, die spüren wir so gerne. Und hoffen, dass sie sich beim Spazieren auf uns überträgt, ein bisschen auf uns abfärbt. Alter ist die Zeit, in der wir Zeit haben.

Ein frommer Wunsch, ein Gegengift zu all dem Manipulieren, zum Beschleunigen und Abbremsen, was wir sonst so draufhaben und womit wir uns ständig unserer eigenen Herrschaft über die Zeit berauben. Das ist auch etwas, was die Natur uns lehrt: Gerade ältere Menschen kommen mit den Jahren offensichtlich wieder eher in diese Zeitsouveränität zurück,

*sie nähern sich wieder mehr einem Baum an. Die Kreise wer-
den kleiner, die Zeit wird wieder in den Raum, in den eigenen «Umkreis» zurückgeholt. Mit dem Vorteil – auch wenn
der Baum kommt und geht, der Winter kommt und geht und
Zyklus für Zyklus nur ein weiterer Ring dazukommt –, dass
Wachstum trotzdem möglich ist. Es ist nicht einfach eine
ständige Wiederholung des Gleichen, sondern es ist immer
ein kleines bisschen anders, es ist immer ein Wandel in der
Zeit und nicht außerhalb der Zeit.*

Wir freuen uns ja gerade auch an den unperfekten Bäumen.
Im Japanischen gibt es dafür das ästhetische Konzept des
Wabi-Sabi – nicht zu verwechseln mit dem Zeug, womit man
sich beim Sushi-Essen den Gaumen und die Nasenschleim-
haut verbrennt, das heißt Wasabi. Also Wabi-Sabi bedeutet:
Freu dich am Unvollkommenen, am Authentischen. Und
was beim Menschen die Narben, Schrammen und Macken
sind, freut mich auch bei Bäumen zu erkennen: Wenn sie
ein bisschen schräg sind, mal ein Blitz eingeschlagen ist
und sie trotzdem weitergewachsen sind. Oder Pflanzen, die
sich rund um ein Hindernis gerankt haben. Das sind alles
Abbilder dafür, wie man mit Schwierigkeiten umgehen
kann, wenn man sich die Zeit dafür nimmt. Eine Liedzeile
von Leonard Cohen passt da gut: «There is a crack, a crack in
everything / That's how the light gets in». Wir brauchen diesen kleinen Knacks, damit Licht in unser Herz fallen kann,
das sonst an unserem perfekten äußeren Panzer abgeprallt
wäre. Und es braucht auch diesen Knacks, damit andere unser inneres Leuchten erkennen können.

Cohen hat kurz vor seinem Tod noch das Album «You want it darker» veröffentlicht. Wohl sein schwärzestes – kurz bevor sein eigenes Licht erlosch. Es ist doch immer ein Unterschied, ob wir den Einzelnen mit seinem Schicksal anschauen oder uns als Menschen insgesamt betrachten. Was für die Mehrheit gilt, muss für das Individuum nicht richtig sein, genauso umgekehrt. Sind viele glücklich und zufrieden, muss ich es trotzdem nicht sein. Und auch wenn sich die Dinge für viele Menschen über die lange Strecke zum Guten wenden mögen, dann kann das für den Einzelnen dennoch genau andersherum laufen. Ich nehme an, ohne es zu wissen, dass Cohen am Ende seines Lebens nicht wirklich «happy» war, er klingt nicht so. Und auch damit ist er nicht allein.

Nein, das stimmt. Aber die Natur als Ganzes lehrt uns, dass es einen übergeordneten Plan gibt. Einen Bauplan – Muster, Zusammenhänge, Prinzipien und Naturgesetze.

Und wir Menschen können gar nicht anders, als immer nach Mustern hinter den Dingen zu suchen. Ob in der Natur, in der Musik, in Gesichtern oder, wie du erzählt hast, bei Gewebeproben unterm Mikroskop. Wir haben ja auch schon über den Befund gesprochen, dass wir, je älter wir werden, umso besser Muster erkennen und Abweichungen schnell identifizieren können.

Bei Ärzten heißt das gerne «Blickdiagnose», sonst «Menschenkenntnis» oder im günstigen Fall auch «Altersweisheit». Die Entscheidungssicherheit, die man sich am Anfang der Laufbahn mühsam erarbeiten muss, wird dann intuitiv.

Noch ein Punkt für die Natur: Sie lebt den Generationen-vertrag. Bäume sorgen für ihre Nachkommen. In der Zeit, in der sie selbst das Licht oben bunkern, indem sie ihre Äste auseinanderbreiten, hat die Eiche mit den Eicheln schon die nächste Generation im Boden angelegt. Und diese muss zu-nächst ganz langsam wachsen, damit daraus später starke Bäume werden. Erst wenn die große Eiche gefällt ist oder umfällt im Sturm, dann können die kleinen zeigen, was in ihnen steckt. Jetzt, wo plötzlich Platz ist, wo Luft ist nach oben im wahrsten Sinne, werden sie von der alten Genera-tion noch weiter genährt und gehalten, etwa über die Netz-werke der Wurzeln. Je mehr wir darüber wissen, desto mehr staunt man auch über das, was die Natur uns immer vor-aushaben wird.

Stimmt. Wie bei uns Menschen. Bei einem jungen Menschen gibt es einerseits die Verbundenheit zu den Großeltern. Beim Blick nach den Gleichaltrigen, den Peers, wie wir heute sagen, steckt auch immer der Vergleich, die Konkurrenz mit drin. In der Natur erleben wir etwas, das größer ist als wir. Wir können hineinwachsen in diesen Gedanken und Frieden erleben, über Generationen und Zeitalter hinweg. Ich kann mich plötzlich sogar mit dem Neandertaler verbunden fühlen, wenn ich in dessen Höhle bin und seine Wandmalereien sehe. Das ist wahrscheinlich für einen jungen Menschen eine ziemlich ab-wegige Vorstellung.

Mir reicht da, einmal im Stau Leute zu beobachten, dann sehe ich schon, wie schnell man von der Zivilisation wie-der im Neandertal ist. Aber über Zeit nachzudenken heißt ja auch, mal den Blick nach oben in den Kosmos zu werfen. Ich weiß nicht mehr genau, wo ich die Geschichte aufgelesen habe von einem Mann, der so Angst hatte vor der Unendlichkeit, dass er bei sternenklarem Himmel immer nur mit einem Regenschirm aus dem Haus ging. Ich kann das total verstehen, dieses mulmige Gefühl, dass da oben nichts ist. Manchmal gucke ich da hoch und denke: Was sind wir hier für ein Pups in der Raumzeit?

Also, ich kann das inzwischen auch nachvollziehen. Dafür habe ich aber länger gebraucht. Meine Mutter hat immer ein Bild verwendet, das ich als junger Mensch ganz furchtbar fand: Einer ihrer wesentlichen Aha-Momente, fast schon ein Erleuchtungsmoment, war für sie, als sie 1972 bei den Olympischen Spielen in München im Olympiastadion diese Menschenmassen sah und plötzlich das Gefühl hatte, jeder Einzelne in dieser Masse hat seine ganz eigene Biographie, jeder Einzelne davon ist wertvoll. Jeder möchte glücklich werden und hat sein Ziel, und wer bin ich denn, dass ich glauben würde, mein Ziel sei nun irgendwie wichtiger als das von all den anderen? Oder ein anderes Bild, das sie nutzte: wie sie auf den Kölner Dom hochgestiegen war und von oben auf den Vorplatz, die Domplatte, schaute und all diese kleinen Menschen da sah. Und dann hat sie mir als jungem Menschen erzählt, wie toll das ist, dass wir nur ein Sandkorn sind, ein Sandkorn in einer Wüste, und doch eigentlich ein Nichts. Pah, ich wollte als Kind alles sein – nur kein Sandkorn. Das Erschrecken hat sich bei mir inzwischen völlig gewandelt. Ich kann jetzt die Schönheit darin erkennen, Teil dieses einen großen Atemzugs zu sein. Als Geschenk.

Aber was machen wir gerade mit diesem Geschenk? Wir leben so, als gäbe es noch drei Erden im Kofferraum. Jede Generation wünscht sich doch, dass es der Nachwelt besser- geht. Und das galt ja auch für die letzten 50 Jahre. Aber mich beschleicht dieses Gefühl in Bezug auf den Planeten, auf die Klimaerwärmung und den Ressourcenverbrauch von bald 10 Milliarden Menschen, dass unser romantisches Bild von der Natur als eigener Kraft uns auch davon abhält, radikale Schritte zu ihrer Rettung zu unternehmen. Ich durfte mir einen Jugendtraum erfüllen und habe ein Idol von mir ge- troffen und interviewt, Jane Goodall. Und weil mich die Frau und das Gespräch nachhaltig beeindruckt haben, möchte ich es hier in Auszügen wiedergeben. Sie ist eine weise Frau, die lange und ungewöhnlich nah mit Menschenaffen in der Natur gelebt hat und deren Botschaft gehört werden möge. Und so, wie wir unsere Großeltern befragt haben, was sie wussten und taten gegen offensichtliche Fehlentwicklun- gen, so werden wir uns auch von der nächsten und über- nächsten Generation fragen lassen müssen: Was habt ihr gewusst – und was habt ihr getan?

WILD AT HEART – JANE GOODALL
Eine kleine Liebeserklärung von Eckart

Woran erkennt man Pioniere? An den Pfeilen im Rücken. Jane Goodall hatte starke Widersacher, als sie mit 26 Jah- ren ohne akademische Ausbildung nach Afrika ging. Für ihre Beobachtung, dass Schimpansen in freier Wildbahn Werkzeuge gebrauchen, Gefühle haben und komplexe Bindungen eingehen, wurde sie lange angefeindet.

Heute, im zarten Alter von 83 Jahren, ist sie wieder ihrer Zeit voraus. Oder immer noch? Jane Goodall ist unermüdlich unterwegs, um ihre Herzensbotschaft zu verbreiten: Wir Menschen sind gerade dabei, nicht nur unzählige Arten auf diesem Planeten auszulöschen – sondern uns selbst gleich mit. Die zierliche Engländerin hat keine Angst, sich für ihre Mission mit mächtigen Gegnern anzulegen: amerikanischen Präsidenten, afrikanischen Wilderern und der Macht des Gewöhntseins an einen Lebensstil, der weit weg davon ist, nachhaltig zu sein.

«Wir haben offensichtlich die Weisheit der Vorfahren verloren, die sich immer auch fragten: Wie wird meine Entscheidung die nächste Generation betreffen? Wir fragen uns heute nur noch: Wie betrifft sie mich? Wir sind regelrecht gefangen in unserer materialistischen Gesellschaft, in der es eher um Geld oder Macht geht. Mir scheint, als sei die Verbindung zwischen unserem cleveren Hirn und dem menschlichen Herzen, der Liebe und Leidenschaft, irgendwie zerrissen.»

Unglaublich, was diese Frau für ein Pensum auf sich nimmt in einem Alter, wo andere schon seit 20 Jahren in Pension sind. Seit Jahren ist sie kaum zwei Tage hintereinander am selben Ort. Sie reist herum und hält einen Vortrag nach dem anderen, poetisch und politisch zugleich: «Politiker auf dem Weg nach oben benutzen manchmal Taktiken, die denen männlicher Schimpansen ähneln: Einiges an Donald Trumps prahlerischem und einschüchterndem Verhalten gegenüber Hillary Clinton im Wahlkampf erinnerte mich sehr an das Benehmen von männlichen Schimpansen, die im Wettstreit mit Konkurrenten genauso angeben. Viel mehr beunruhigt mich aber, was

er anrichtet, indem er erlaubt, dass in der Arktis nach Öl
gebohrt wird, im größten unberührten Gebiet Amerikas.»

Woher bezieht eine Einzelkämpferin gegen die globale
Veränderung ihre Kraft? Schon als sie zehn Jahre alt war,
wusste Jane Goodall, dass sie in den Dschungel zu den
wilden Tieren wollte. Und so setzt sie selbst heute große
Hoffnung auf Neugier und Begeisterungsfähigkeit bei der
jungen Generation. Sie arbeitet viel mit Kindern und Jugendlichen, um ihnen früh ein Bewusstsein für die Rolle
von Menschen als Teil der Natur zu geben. «Wenn wir den
letzten Rest Wildnis retten wollen, müssen wir bei den
Menschen anfangen und nicht bei der Wildnis. Jeder von
uns muss seinen Teil beitragen, egal wo er lebt.»

Ihr Jugendprogramm «Roots & Shoots» läuft in mehr
als 130 Ländern. Hunderttausende machen mit, die Jüngs-
ten sind noch im Kindergarten, die Ältesten an der Uni und
einige der ehemaligen Teilnehmer bereits in verantwortli-
chen Positionen. Die Teilnehmer suchen sich ein Umwelt-
projekt, engagieren sich für den Tierschutz oder helfen
anderen Menschen. «Sobald sie wissen, wo die Probleme
liegen, sobald du ihnen zuhörst und ihnen hilfst, aktiv zu
werden, krempeln sie die Ärmel hoch und machen etwas.
Sie nutzen die sozialen Netze und bündeln ihre Stimmen
rund um den Globus beim Protest gegen den menschen-
gemachten Klimawandel, um die Regierungen an ihr Versprechen zu erinnern, die Emissionen zu reduzieren. Der
Name ‹Wurzeln und Sprösslinge› soll ausdrücken, dass
in jedem Samen und jedem noch so kleinen Keimling die
Kraft liegt, Felsen oder Mauern zu sprengen.»

Als Mädchen wurde Jane in England von deutschen
Bomben bedroht. Jetzt kommt sie nach Deutschland im

Frieden und auf der Suche nach Alliierten in ihrem wich-
tigsten Kampf: das Überleben von Menschen und Tieren
zu retten. «Denken Sie mal, wie weise meine Mutter war:
In England hassten wir natürlich die Nazis. Aber als der
Krieg vorüber war, schickte mich meine Mutter über einen
familiären Kontakt für sechs Monate nach Deutschland,
wo ich in einer deutschen Familie lebte. Weil sie sagte:
Bloß wegen Hitler und der Nazis sind die Deutschen nicht
per se böse Menschen. Ich saß letztens zusammen mit drei
guten deutschen Freunden und sagte: Ist es nicht seltsam?
Als wir jung waren, kämpften unsere Väter, um sich ge-
genseitig zu töten. Wir haben vielleicht unterschiedliche
Hautfarbe, Kultur, Kleidung, Essen. Aber wenn wir hinfal-
len und uns die Haut aufschlagen, ist das Blut das gleiche.
Wenn wir weinen, sind unsere Tränen die gleichen, wenn
wir lachen, ist es überall das gleiche Gefühl. Wir sind eine
Familie.»

Jane Goodall wurde lange vorgeworfen, Menschenaf-
fen zu naiv zu vermenschlichen. Dabei hatte sie auch aus
ihrer Beobachtung der brutalen Kämpfe unter Schimpan-
sen nie einen Hehl gemacht:

«Das war ein riesiger politischer Konflikt in den frühen
70er Jahren. Ist Aggression angeboren oder erlernt? Und
ich stand mittendrin, weil ich über Schimpansen sprach,
die in ihren Clans gegeneinander eine Art Krieg führten.
Wissenschaftler baten mich damals, dies herunterzuspie-
len, weil Leute das sonst als Argument dafür benutzen
würden, Krieg auf der Welt sei unausweichlich, weil er in
unseren Genen liege. Du lügst ja nicht, aber wie kannst du
dich umsehen in der Welt und sagen: Es gibt keine ange-
borene Aggression, die wir von unseren fernen Vorfahren

geerbt haben? Wir haben immerhin die Gehirne, sie zu kontrollieren.»

Sie spricht leise, konzentriert, und in ihrem weisen, warmen Blick liegt auch eine Melancholie: «Je länger ich lebe, desto bewusster wird mir, dass irgendwann das Ende kommt. Vielleicht in fünf, vielleicht in zehn Jahren, vielleicht in 15. Ich weiß nicht, wann mein Körper kollabiert oder mein Gehirn nicht mehr mitmacht. Je näher ich diesem Punkt komme, desto mehr Verzweiflung fühle ich beim Versuch, noch das Bewusstsein von Menschen zu schärfen und ihnen zu zeigen, dass es einen Unterschied macht, wie sie handeln. Vielleicht scheint es nur ein kaum spürbarer Unterschied für jeden Einzelnen, aber es ist ein großer, wenn eine Milliarde Menschen ethisch bessere Entscheidungen treffen.»

Wie hält sich so jemand aufrecht, wofür steht sie jeden Morgen auf und wie? Auf die Frage, ob sie für ihr eigenes seelisches Gleichgewicht regelmäßig Yoga mache oder meditiere, lacht sie nur: «Dafür habe ich keine Zeit!» *Dabei schrieb Jane Goodall schon vor über zehn Jahren in ihrem Buch* «Mindful Eating» *viel über achtsames Essen, warum es einem selbst und dem Planeten guttut – aber reicht das?* «Wenn wir darüber reden, weniger Fleisch zu essen, sagen die Leute immer gleich: ‹Ach Jane, du bist so eine Bäume-Umarmerin.› Aber die Bedingungen in den Tierfabriken der Intensivlandwirtschaft sind nun mal entsetzlich. Und wir wissen, dass Tiere Emotionen haben, sie fühlen Angst oder Schmerzen. Ich habe diese Orte gesehen, und sie sind definitiv ein Grund, weniger Fleisch zu essen. Aber nicht der einzige: Immer mehr Getreide muss angebaut werden, nur um all diese Tiere zu füttern, was weitere

Umweltzerstörung bedeutet. Es ist pure Wasserverschwendung, wenn man pflanzliches durch tierisches Eiweiß ersetzt, und man braucht wahnsinnig viel fossile Treibstoffe, um das Getreide zu den Tieren, die Tiere zum Schlachter und dann das Fleisch zu uns Menschen zu transportieren, damit es auf unserem Teller landet. Außerdem produzieren die Tiere Methan, ein teuflisches Treibhausgas. Zu guter Letzt werden ständig Antibiotika gegeben, egal ob die Tiere krank sind oder nicht, sodass Bakterien Resistenzen aufbauen. Am Ende sterben die Leute vielleicht durch einen Kratzer am Finger.»

Wäre die Welt besser, wenn Frauen regieren würden? «Dominanz ist nicht per se schlecht, sondern es ist die Frage, wie man führt und mit welchen Zielen. Dominante Menschen können sehr gute Führungskräfte sein. Und Frauen sind nicht per se die besseren Menschen. Diejenigen, die in Machtpositionen kommen, machen das oft auch mit sehr männlichen Methoden. Ich liebe eine Geschichte aus Afrika: Der Stamm ist wie ein Adler, und die Männer sind der eine Flügel und die Frauen der andere, und wenn das nicht ausbalanciert ist, kann der Adler auch nicht fliegen. Keine Seite ist besser.»

Was bleibt denn eigentlich so einzigartig am Menschen? Kurioserweise sind wir das einzige bekannte Lebewesen auf diesem Planeten, das sich bewusst verabschieden kann: «Oft werde ich gefragt, wie Schimpansen ‹Tschüss› sagen. Sie tun es gar nicht, sie stehen einfach auf und gehen. Eventuell drehen sie sich noch mal kurz um. Auch Schimpansen können bis zu einem gewissen Grad planen, aber da geht es immer um unmittelbar bevorstehende Momente, nicht um die weitere Zukunft. Wir dagegen können für Wochen und mehr im Voraus planen. Wenn ich mich von jemandem verabschiede und es ein trauriger Abschied ist, weil wir uns sehr lange nicht sehen werden, sage ich immer: ‹Denk dran, jeder Schritt ab heute ist ein Schritt, der uns unserem nächsten Treffen näher bringt.› So etwas können wohl nur Menschen.»

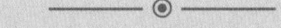

KAPITEL ZEHN

**Wieso Anfänger beim Meditieren
oft Glück haben**

Warum ein Placebo mehr als Täuschung ist

Und: wie spirituell Radarfallen sind

DIE STILLE HINTER DER STILLE

Macht Nichtstun nur dann Spaß,
wenn man was zu tun hätte?

Mein lieber Freund, wir nähern uns langsam dem Ende. Nicht unserem eigenen, hoffentlich, aber doch dem unseres Gespräches. Im Laufe dieses Dialogs haben wir beide dazugelernt – und sind älter geworden. Vielleicht auch etwas leiser und nachdenklicher? Warum werden ältere Menschen eigentlich oft plötzlich wieder religiöser, spiritueller – oder ist das einfach nur Sentimentalität? Brutaler gesagt: Kommt mit dem Gefühl «Das Ende naht» auch der Wunsch, dem etwas entgegenzusetzen, wieder stärker ins Bewusstsein?

Ja. Das mag so sein. Obwohl ich mich erinnern kann, dass ich auch schon als Sechsjähriger den Tod irgendwie monströs fand, ganz schön angsteinflößend. Also habe ich mich damals und dann immer wieder einmal im Leben damit aktiv auseinandergesetzt. So etwas trainiert. Übrigens zeigen aktuelle Studien, wie auch die Altersstudie von 2017, dass die Angst vor dem Tod im Lebensverlauf eher abnimmt und gerade die besonders zufriedenen Alten – man könnte meinen, die, die viel zu verlieren haben – am wenigsten den «alten Zeiten» hinterhertrauern.

Mensch, Tobias, es ist gerade sechs Uhr morgens. Geplant war das nicht. Wir hatten uns den Vormittag für dieses Kapitel Zeit nehmen wollen, aber jetzt gibt es einen Streik, du musst früher weg – was bleibt einem also übrig? Früher aufstehen. Der frühe Vogel fängt den Wurm, aber wir hätten beide jetzt gut noch eine Stunde schlafen können oder meditieren. Wovon hätten wir denn eigentlich mehr – rein gesundheitlich?

Gute Dinge sollte man nicht gegeneinander ausspielen. Es ist sinnvoll, regelmäßig «Innenschau» zu betreiben und Entspannungsverfahren anzuwenden. Gegen eine Stunde mehr Schlaf hätte ich allerdings weder als Wissenschaftler noch als Mensch etwas gehabt.

Kennst du noch diesen Song: «Morgenstund hat Gold im Mund, doch damit siehst du auch nicht besser aus»? Vielleicht hätten wir einfach eine Stunde früher ins Bett gehen sollen?

Erwischt. Ein weiterer Plan für die bessere Hälfte!

Die liegt noch im Bett!

So früh schon so lustig?

Die Buddhisten haben doch auch die Tradition der Koans, der unlösbaren Rätsel, zum Beispiel: Wie klingt das Klatschen einer Hand? Oder: Wieso kann die bessere Hälfte noch vor uns liegen und im Bett ...?

Humor und Meditation haben viel gemeinsam, das haben wir ja schon ein paarmal festgestellt im Verlauf unseres Gespräches. Es geht bei beiden um den Wechsel der Perspektive, und der Verstand soll in seiner Geschäftigkeit gezähmt werden. Dazu gibt es verschiedene Techniken. Herzhaft lachen wäre eine.

Das mochte ich immer schon: den Buddha, der sich vor Lachen seine kleine Wampe hält. Sehr viel sympathischer als ein Leidender am Kreuz. Aber es gibt ja auch im Zen die Ansicht, dass man durch äußerste Disziplin und ein Stück Selbstquälerei der Erleuchtung näher kommt. Mir jedenfalls taten nach spätestens 20 Minuten auf dem Meditationskissen erst die Knie, dann der Rücken und später einfach alles weh. Muss das so sein? Oder geht es auch sanfter?

Interessanterweise finden wir den dicken, lachenden Buddha nur in einigen buddhistischen Traditionen und Regionen Südostasiens – und in China. Viel häufiger ist aber der asketische Buddha – der mit einem sanften Lächeln aber immer noch zufrieden dreinschaut. Kein Schmerzensmann! Nicht das Leidvolle steht im Buddhismus im Vordergrund, sondern die Akzeptanz und das «Sicheinfinden». Auch Mitgefühl gehört dazu. Das kann man auch für sich selbst empfinden. Beim Meditieren geht es ja immer um Atmen, um Akzeptieren und Weitermachen.

Beim Schlafen ja im Kern auch! Atmen, weitermachen. Akzeptieren mehr so unbewusst. Jetzt mal im Ernst, früher Vogel – was ist der Wurm der Spiritualität? Warum stehst du auch ohne Abgabedruck für unser Buch schon oft so früh auf, nur um dich auf ein Kissen zu setzen und gegen das Einschlafen zu kämpfen?

Weil ich weiß, dass das gesund ist. Als Wissenschaftler. Und auch ein bisschen aus eigener Erfahrung.

Aber pure Einsicht in die Notwendigkeit hat doch noch nie für eine Verhaltensänderung gereicht, also: Wo ist der Kick?

Das kann ich besser als Mensch beantworten. Das Gefühl, das sich zwar nicht erzwingen lässt, aber währenddessen immer wieder einstellt, auch bei mir, ist schon eine Belohnung an sich: Ich verbinde mich mit meinem inneren Selbst und allem anderen – dem «Sonst» –, alles, was nicht ich ist. Meditieren ist für mich eine Möglichkeit, einen Kontakt herzustellen zu Dingen, die größer sind, beständiger, grundsätzlicher als meine kleinen Alltagssorgen auf meiner Scholle. Das Gefühl, dass da etwas ist, von dem wir kommen und wohin wir gehen. Der Atem, die Luft – sie waren schon vor mir da. Ich bin Teil davon, er geht durch mich hindurch.

Boah, das klingt jetzt aber tiefsinnig. Ich weiß von meinen kläglichen Versuchen, meinen Geist zu disziplinieren, dass ich schon froh war, wenn ich mal fünf Minuten Stille in mir spüren konnte. Woher hast du das? Wer hat dir das beigebracht?

Training. Und inspirierende Mitmenschen. Ich begann schon im Studium, vor fast 30 Jahren, abends zu «meditieren», wenn ich nach der Uni wieder zu Hause in meiner Bude ankam. Das ergab sich ganz spontan, aus mir selbst heraus. Erst

*später, während eines längeren Aufenthaltes in China, reali-
sierte ich, dass das, was ich da tat, Meditation war. Und lernte
dann mehr darüber, Schritt für Schritt. Aber am Anfang stand
das Tun, die eigene Praxis.*

Das war ja auch in den 80er Jahren der «Spirit». Damals war
es noch exotisch, wenn jemand anfing, Yoga zu machen.
Heute ist man der Exot, wenn man es nicht macht. Was hast
du denn da genau erlebt? Das große Nichts?

*Eine tiefe Ruhe und Gelassenheit. Das Gefühl, dass das Leben
mehr ist als das, was ich immer direkt vor Augen habe.*

Kein Wunder, bei halbgeschlossenen Augen. Aber du wirst
lachen: Ich hatte etwa zur selben Zeit meine erste Freundin.
Sie war in Singapur gewesen und interessierte sich für Zen.
Ich konnte mir darunter nichts vorstellen, und sie sagte:
«Mach doch einfach mal mit!» Wir setzten uns auf die Matratze, schauten auf einen Punkt vor uns am Boden, weiter
nichts. Und ich war so «weg», wie ich mir das später immer
gewünscht hätte. Dass dieses Gefühl nicht so einfach wieder-
herzustellen ist, das ist für einen Macher wie mich schwer
zu akzeptieren.

*Mit 18 und der ersten Freundin auf der Matratze ... und du
kannst dabei ruhig sitzen bleiben und an «nichts» denken –
Respekt! Spaß beiseite: Ich studierte Medizin und lernte immer Schema F. Alles wurde gewusst und stand in den Lehr-
büchern. Der Placeboeffekt wurde damals noch belächelt,
Selbstheilung gehörte in die Esoterikecke – selbst der Begriff
Esoterik hatte noch keinen Platz –, und wenn man die von uns*

Studierenden selbst organisierte Naturheilkunde-Vorlesung besuchte, galt man gefühlt als Außerirdischer. Aber die eigene Erfahrung ließ mich schon damals ahnen: Kann es sein, dass da mehr ist als das, was in den Büchern steht? Was ist, wenn ich diese Möglichkeit zulasse?

«Beginners Mind» – der Geist des Anfängers. Das mochte ich immer als Grundhaltung, die im Zen hoch geschätzt wird. Die Welt mit neuen Augen sehen. Eben nicht als Experte, sondern als Fragender. Und beobachtend, ohne gleich zu werten. Allein für diesen Unterschied bin ich dankbar, mich überhaupt mit den buddhistischen Praktiken beschäftigt zu haben. Etwas wahrzunehmen und es einzuordnen, das sind zwei Dinge, die wir meistens koppeln, aber durch ein Training des Geistes auch wieder ent-koppeln können. «Das, was ist – ist. Und wie ich es bewerte, ist mein Beitrag zur Welt.» So nennt das Freund und Coach Jens Corssen gerne. Wie hilft dir diese Denke in deinem Alltag? Hältst du einen anderen Stresslevel aus, wenn du morgens die halbe Stunde gesessen hast?

Es ist inzwischen zu einer Haltung geworden. Die Zeit auf dem Kissen oder auf der Yogamatte ist es gar nicht. Man reagiert tatsächlich im Alltag weniger automatisch und unkontrolliert, wird freier, weil man seinen Emotionen nicht so ausgeliefert ist. Aber eine neue Gefahr ist entstanden: Weil man stressresistenter wird, kann man mehr Gas geben.

Das scheint mir sehr menschlich zu sein: Wenn eine neue Technik im Auto das Fahren sicherer macht, fahren die Leute automatisch schneller – und stellen so das Risiko wieder her, das sie gewohnt sind. Jetzt darf ich aus dem Nähkästchen plaudern: Du hast mich mal mit dem Auto nach einem Liveauftritt abgeholt, fuhrst mich in Berlin nach Hause, und wir waren in eifrige Diskussionen verstrickt, als du – es war nachts, und du hast niemanden gefährdet – noch über eine «dunkelgrüne» Ampel fuhrst. ZACK! Geblitzt! Ich wäre als Fahrer in so einer Situation ausgerastet, hätte lamentiert über die Niedertracht der Blitzer im Allgemeinen und die Unfehlbarkeit meiner persönlichen Fahrkünste im Besonderen. Nicht so Tobias Esch. Du führtest deinen Gedanken ruhig und gelassen zu Ende, und erst einen halben Kilometer nach dem Ereignis sagtest du aus heiterem Himmel: «Oh, ich wurde gerade geblitzt. Mist!» Und dann lachten wir beide.

Alles zu seiner Zeit: Ich erinnere mich noch daran, dass ich das Blitzen in der Situation sehr wohl wahrgenommen hatte – aber da war es schon passiert. In dem Moment konnte ich eh nichts mehr daran ändern, also erzählte ich den Satz, den Gedanken zu Ende, denn der war ja real und noch nicht fertig ausgeführt, er passierte im Jetzt. Das Blitzen war schon Vergangenheit, darum konnte ich mich später immer noch kümmern.

Es gibt ja immer nur das Jetzt. Jon Kabat-Zinn nennt dieses Prinzip: «Wherever you go – there you are.» – «Wo immer du hingehst – da bist du dann.» Das gilt offenbar auch beim Autofahren.

Was mit dem Satz ebenso gemeint ist: Sei einfach anwesend, mit allen Sinnen präsent, wenn du schon da bist. Komm zur

Besinnung! Es wäre doch schade, wenn der Augenblick ohne dich stattfindet, die ganze Kette von Augenblicken deines Lebens, weil du immer schon weg bist, woanders, in der Zukunft oder in der Vergangenheit. Warum nicht auch anwesend sein, wenn du ohnehin schon da bist?

Puh. Und das alles morgens um sechs – Geist, Seele und Körper treffen sich zur selben Zeit, am selben Ort.

Ja, es geht darum, im wahrsten Wortsinn ein «Selbst-Bewusst-sein» zu entwickeln. Nicht immer, aber immer öfter: In diesem Moment nehmen wir unser Wesen war, das Wesentliche, das, was ist. Und genau hier hilft die Erfahrung, das Sich-selbst-Kennen, sei es durch die Meditations- oder die Lebenserfahrung. Ältere Menschen sind da häufig im Vorteil.

Durch mehr Meditation oder mehr Leben?

Manchmal beides. Wir leben ja heute in Zeiten, in denen die Menschen zunehmend den Kirchen den Rücken zuwenden, sich aktiv abwenden von Religion und formalen Glaubensritualen. Ältere Menschen dagegen haben häufiger eine informelle oder sogar eine formale Meditationspraxis, auch wenn sie es vielleicht so nicht nennen würden: der Gottesdienstbesuch, das Morgen- oder Abendgebet, der Brief als Reflexionsübung, der Spaziergang als Moment der inneren Einkehr. Und dann die Lebenserfahrung.

Jüngere Menschen, gerade in den Großstädten, reihen sich dagegen ein in den weltweiten massiven Trend, spirituell zu sein, aber mit etablierten Religionen nichts am Hut haben zu wollen.

Daneben gibt es nach wie vor bekennend Konfessionelle und natürlich eine wachsende Zahl von Atheisten. Das Spannende dabei, wie die Forschung zeigt: In dem Maß, in dem sich die Menschen von den Religionen abwenden, wächst auch das Bedürfnis nach Glauben, Spiritualität und Sinn. Die sogenannten spirituellen Atheisten sind überall auf dem Vormarsch.

Und woran glauben die, bitte schön? Das klingt so ein bisschen wie dieser Witz: Was passiert, wenn man einen Zeugen Jehovas mit einem Atheisten kreuzt? Jemand klingelt ohne Sinn an deiner Tür!

Das trifft es ganz gut. Die spirituellen Atheisten glauben an keinen persönlichen Gott, aber daran, dass es eine Verbindung zu etwas gibt, das über sie hinausreicht, vor und nach ihnen existiert und größer ist als ihr individuelles Ich. Etwas, das Sinn ergibt – auch ohne sie.

Was es nicht alles gibt. Ich bin ja selbst evangelisch aufgewachsen und christlich durchwachsen. Aber ich mag auch Ideen aus anderen Kulturkreisen: Nicht nur die Buddhisten, auch die alten Ägypter hatten sympathische Vorstellungen vom Jenseits. Da wurde dein Herz nach dem Tod aufgewogen gegen eine Feder. Und nur, wenn dein Herz leichter war, kamst du ins Jenseits, wo es alles im Überfluss gab. Wir sollten uns also im Alter nicht ständig über alles «beschweren», sondern erleichtern!

Der Glaube ist kein exklusives Markenzeichen des Christentums. Mein alter Chef in Harvard, Herbert Benson, war einer der Ersten, der mit der wissenschaftlichen Brille auf religiöse Rituale und ihre Bedeutung für die Medizin geschaut hat. Wir finden solche Rituale praktisch in allen Kulturen. Sicher kein Zufall – das ist in uns allen angelegt. In unseren eigenen Studien finden wir das auch wieder und sehen darin heute ein universelles Prinzip: Glaube ist gesund und bringt uns weiter. Er steht im Kontext eines individuellen Reifungs- und Entwicklungsprozesses über die Lebenszeit. Das ist gut für uns, und daher sind religiöse Rituale in der Evolution auch erhalten geblieben. Konservativ also im besten Wortsinn. Daher denken wir bei Religion und Glauben auch an die weisen Männer und Frauen, den weißhaarigen Dorfältesten oder Medizinmann.

Wo ist für dich die Trennlinie zum Aberglauben? Placebos wirken ja sogar, wenn man weiß, dass es Placebos sind. Allein weil wir gelernt haben, mit einer Tabletteneinnahme eine Besserung zu verbinden. Wenn wir als Kinder schon gelernt haben: Wenn ich in der Kirche eine Kerze anzünde, geht es jemandem besser – ist das nicht Selbstbetrug?

Ist das nicht wunderbar, dass wir die Fähigkeit haben, zu glauben, zu hoffen und nicht immer gleich alles zu wissen? Der Placeboeffekt beruht auf mehreren Komponenten: einer positiven Erfahrung, die ich gemacht und mir dann gemerkt habe, und einer Erwartung, dass in einer vergleichbaren Situation das Gleiche erneut eintritt. Dass ich einen inneren Arzt habe, der das alles ermöglicht. Der Unterschied zwischen Aberglaube und Glaube wäre hier die persönliche Erfahrung: Der Aberglaube wird uns eingepflanzt, wir werden quasi überredet, etwas wird uns eingeimpft. Der Glaube aber wächst mit der Erfahrung, der eigenen Praxis. Auch deswegen haben erfahrenere Menschen den «ungläubigen» oft etwas voraus. Zum Beispiel die ständige Übung des Loslassen-Müssens. In vielen religiösen Ritualen wird das Kommen und Gehen praktiziert, querbeet. Ob im Christentum, Judentum, im Islam oder im Buddhismus: Überfall findet sich die Erinnerung an das Wiederkehrende und die ständige Wiederholung. Ob in Atempraktiken das Ein- und Ausatmen oder beim Beten des Rosenkranzes, man setzt immer wieder von vorne an: Perle greifen und wieder loslassen. Das hilft enorm. Und das ist eben der Unterschied zwischen einer formalen Übungspraxis und dem weltlichen Ab-und-zu-dran-Denken – zum Beispiel daran, dass wir sterben müssen.

Ich kenne aber auch viele, die dann diese Rituale mechanisch ausführen, gerade weil sie so oft geübt wurden.

Ja. Weitaus schwieriger ist es, dann noch einen frischen «Anfänger-Geist» zu behalten. Der Punkt geht an die Jugend und die Unerfahrenen.

Dazu passt eine Zen-Geschichte, die ich liebe: Ein Mann sucht in einer seelischen Krise in einem Kloster Ruhe und Rat. Er ist sehr erstaunt über die sparsame Einrichtung der Mönche und fragt: «Wo habt ihr eure Möbel?»

Schlagfertig fragt der Mönch zurück: «Ja, wo haben Sie denn Ihre?»

«Meine?», erwidert der Mann verblüfft. «Ich bin ja nur auf der Durchreise hier!»

«Eben», antwortet der Mönch, «das sind wir auch.»

Ein schönes Bild. Genau darum geht es: Buddhistische Meister betonen häufig, dass an ihnen und am Glauben nichts Heiliges ist. Nur Praxis – die Erfahrung des Kommens und Gehens. Das erinnert mich an Pütz Roth, einen leider zu früh verstorbenen Bestatter aus dem Bergischen Land. Der hat alle Rituale der klassischen Beerdigungsinstitute auf den Prüfstein gestellt. Schon der Titel seines Buches bringt das auf den Punkt: «Das letzte Hemd hat viele Farben». Pütz Roth machte aus dem gleichförmigen Trauern ein individuelles Abschiednehmen. Es gab Jazzkonzerte auf dem Friedhof, Kabarett in der Aussegnungshalle, tiefe und berührende Rituale mit den aufgebahrten Verstorbenen. Er sprach von «Trauer-Power» und der besonderen Bedeutung des Abschiednehmens für die Überlebenden. Und er hatte noch kurz vor seinem eigenen Tod eine wunderbare Ausstellung initiiert: Leute sollten buchstäblich ihren «Koffer für die letzte Reise» packen. Die Koffer wurden dann ausgestellt. Was würdest du da reinpacken?

Ladekabel? Wer weiß, ob es im Jenseits nicht inzwischen freies WLAN gibt. Und wenn dann dein Akku leer ist, dann ist das die Hölle. Und du?

Frische Unterwäsche? Nein. Musik!

Mozart, Bach, Beethoven? Ich würde auch Miles Davis einpacken, «Sketches of Spain». Eine Ewigkeit ist leichter zu ertragen, wenn man nicht immer nur selbst frohlocken muss, sondern zur Siesta auch spanischer Musik lauschen kann.

Bei mir definitiv Bach. Der Heidelberger Altersforscher, Philosoph und Pianist Andreas Kruse nannte auf die Frage, ob

Spiritualität und Göttliches in der Welt, hier auf Erden, exis-
tiere, Bachs h-Moll-Messe. Sie stehe für etwas in uns und in
unserer Kultur, das «nicht erkranken» könne. Auch eine Art
von Essenz. Bach steht in besonderer Weise für eine Berüh-
rung zwischen Musik, Göttlichem, Genialem vielleicht und
einer tiefen inneren Berührtheit, für mehr als nur Plingpling
oder Fahrstuhlmusik. Das lässt sich heute sogar neurobiolo-
gisch zeigen: Musik – gerade auch Bach – kann unser Beloh-
nungssystem in Schwingung bringen und ein tiefes Verbun-
denheitserleben auslösen. Das wird «Global Binding» oder
«All-Einheitserleben» genannt und geht letztlich auf unsere
Ur-Bindungserfahrungen – in Familien, zwischen Mutter
und Kind – zurück. Der Klebstoff. So war es bei mir damals
im Studium: Musik und Meditation waren die Zutaten. Sport
kann das auch, manchmal. Und Drogen. Die aber kommen
von außen – das hilft nur kurzfristig, dann gar nicht mehr.
Weil ich verlerne, dass dieses Gefühl aus meiner eigenen Mitte
entspringt.

Apropos Körpermitte. Was kann Sex zur Spiritualität beitragen? Wenn schon Enthaltsamkeit offenbar nicht bei allen
zur Erleuchtung führt, dann wenigstens das Gegenteil – die
Ekstase?

Ekstase ist ein guter Beginn. Aber nicht das Ende. Ob Tanzen,
Trommeln oder Orgasmus – das führt dich zwar einerseits
aus dir heraus, andererseits zugleich intensiv zu dir selbst
und in den Moment hinein. Einer meiner Lieblingsautoren,
Jack Kornfield, nannte das «After the Ecstasy the Laundry» –
auf gut Deutsch: Nach der Ekstase kommt wieder das Wäsche-
waschen.

Vielleicht sogar wegen der Ekstase ... Der Nachteil von außergewöhnlichen Momenten ist ja gerade: Sie können nicht auf Dauer funktionieren. Sonst würden sie gewöhnlich. Trotzdem ist da das Faustische in uns: «Mag ich zum Augenblicke sagen, verweile doch, du bist so schön ...»

Es geht beim Älterwerden und bei der Zufriedenheit, von der wir hier viel sprechen, auch um «Befriedigung». Die Bremer Soziologin und Gesundheitswissenschaftlerin Annelie Keil erzählte mir kürzlich ihre Sicht.

Du musst dazu sagen: Sie selbst ist auch fast 80 und arbeitet noch immer voller Leidenschaft!

Annelie betonte, dass es beim Älterwerden auch darum geht, seinen Frieden mit dem Begehren zu schließen. Sexualität im Alter sei kein Tabu, aber im Zentrum steht für sie die Transformation des Begehrens in eine Liebe, die größer ist. Diese Transformation führe zu großer innerer Freiheit und Gelassenheit.

Ich erinnere mich an ein Gespräch mit ihr über das Begehren – auch über das Begehren, anerkannt zu werden. All das nimmt über die Lebenszeit ab, sagte sie.

Ja, aber dafür bekommst du hoffentlich inneren Frieden und Zufriedenheit geschenkt.

Und sie meint, die größte Liebeserklärung sei, einander zu sehen und dem Gegenüber zu sagen: «Ich bin glücklich, dass ich mit dir sein kann!»

Das ist ein schönes Bild vom Älterwerden. Der innere Frieden, der darin enthalten ist, ist aber auch ein verletzlicher Frieden, nicht «Friede, Freude, Eierkuchen». Wir müssen im Laufe unseres Lebens wohl lernen, Reife und Verletzlichkeit miteinander zu verbinden. Das ist ständige Arbeit – aber lohnend!

Die zweite Lebenshälfte ist geprägt vom Verantworten und vom Integrieren. Erfahrungen und Einschränkungen, auch Brüche in der Biographie und im Lebensprozess, all das wird zu einem größeren Bild zusammengesetzt, damit es «Sinn» erhält. Die großen Brüche und Lücken bekommen dann Brücken gebaut. Das ist die Lebenskunst der Alten.

Und genau dabei helfen wohl Glaube und Spiritualität. Die beiden Lebensprinzipien von «Geburtlichkeit» und «Abschiedlichkeit», wie Annelie Keil es nennt, von Freiheit und Angewiesensein, diese beiden sind Geschwister. Die Aufgabe für ein gelingendes Leben ist es, diese beiden Geschwister sinnvoll in Einklang zu bringen. Und das können die Alten besser als die Jungen.

Alter schützt vor Weisheit nicht. Die Ahnen haben eben Ahnung! Und sie haben meist mehr außergewöhnliche Momente auf ihrem Lebensweg gesammelt als die Jungen. Aber das Begehrenswerte und Außergewöhnliche nimmt ab. Eigentlich schade.

Einspruch: Das Schöne können wir genießen, gerade weil *es vergeht. Ich habe gemerkt, wie mir über die Zeit andere Dinge wichtiger werden als die Krachermomente: kleine Dinge und Berührungen, die Bestand haben.*

Komm, zu Silvester haben wir es auch krachen lassen!

Das stimmt. Und das war wieder spaßig. Sich gehenlassen, das ist auch wichtig. Hoffentlich geht uns diese Spontaneität nie ganz verloren. Auch in der Wissenschaft sehen wir: Wer im Glauben nur Regeln sucht und nicht die lebendige Erfahrung, der hat es schwerer. Und ist zugleich auch weniger gesund: Wer akzeptiert, der ist oft zufriedener als der, der immer nörgelt und weitersucht. Nicht wer suchet, der findet, sondern wer findet, der findet.

Wir hören nicht auf zu spielen, weil wir älter werden. Wir werden alt, weil wir aufhören zu spielen. Oder wie es in der Bibel heißt: «Wahrlich ich sage euch: Wer nicht das Reich Gottes annimmt wie ein Kind, der wird nicht hineinkommen.» Das steht bei Lukas, ähnlich aber auch bei Matthäus und Markus. Scheint also wichtig zu sein. Wie schafft man das: erwachsen werden und Kind bleiben?

Tja, da siehst du wieder diese «urbiologische», fast heilige Beziehung zwischen der Großeltern- und der Enkelkinder-Generation, die ein Zyklus verbindet, da schließt sich ein Kreis. Manche nennen das Transzendenz – das Auflösen in den gemeinsamen Urgrund hinein. Damit haben wir unser Buch begonnen: mit den Ankerpunkten unseres Lebensweges, im Großen, aber eben auch im Kleinen, für jeden selbst, aber auch für uns als Gesellschaft. Das «U» des Lebensweges: «Zwischen den jungen und den alten Erdenkindern gibt es eine unsichtbare Verbindung, die ihren Ursprung dort hat, wo das Leben hingeht und wo es herkommt.» Soll Rembrandt van Rijn gesagt haben.

Ich dachte, der war Maler? Dazu einer meiner Lieblingswitze: Moshe und Adam stehen in Amsterdam im Museum vor einem Rembrandt-Bild der Heiligen Familie und betrachten eingehend die Motive. «Nu sag mir, Moshe, warum sind die Herrschaften da in einem Stall?» – «Nu, Adam, sie waren sehr arme Leute.» – «Und warum liegt das Kind bei Ochs und Esel?» – «Sie hatten wirklich keine andere Bleibe.» – «Nu, dann sag mir, wenn die waren so arm: Wie konnten sie es sich leisten, von Rembrandt gemalt zu werden?»

Was ich mag an dem Witz? Dass er den Kern der Weihnachtsgeschichte trifft, denn die Geburt Jesu stellt alles auf den Kopf, alle Annahmen darüber, was wichtig ist, was zählt, was oben und unten ist. Ein wehrloses Kind gegen die Herrscher der Welt. David gegen Goliath. Humor und Spiritualität beinhalten immer den Perspektivwechsel, und so gesehen ist die Weihnachtsgeschichte ein Witz, eine Provokation, denn sie zieht unserem Verständnis von arm und reich mit dem Kind im Stroh buchstäblich den Teppich unter den Füßen weg.

Da spürt man wieder, dass deine Vorfahren Pfarrer waren. Und so ein bisschen sind deine Kabarettprogramme ja auch eine Mischung aus Predigt und Gruppentherapie.

Du hast mich durchschaut. Deshalb lasse ich das Publikum auch so gerne mitsingen. Ich singe selbst nie im Fernsehen, aber live auf der Bühne mache ich das gerne. Und gerade weil ich es nicht gelernt habe und nicht perfekt kann, glaube ich, trauen sich die Leute, selbst vielleicht auch schief, aber aus ganzem Herzen mitzusingen. Die meisten Deutschen warten, bis sie betrunken sind, um öffentlich zu singen.

Aber zur Weihnachtszeit ist es auch ohne Glühwein erlaubt, mit Liedern Gefühle zu zeigen, die sich seit Hunderten von Jahren nicht geändert haben. Und ich freue mich auch in Zeiten der globalen Erwärmung wie ein Schneekönig auf Lieder wie «Ich steh an deiner Krippen hier».

Wie nett, das ist auch eines meiner Lieblingslieder! Gänsehaut. Da haben wir beide nie drüber geredet – was alles bei so einem Buchprojekt rauskommt! Wenn meine Kinder mir eine echte Freude zu Weihnachten machen wollen, singen wir genau dieses Lied. Was magst du daran so gerne?

Alles, die Mischung aus Melodie und Poesie, in Strophen wie:

> Ich sehe dich mit Freuden an
> und kann mich nicht sattsehen;
> und weil ich nun nichts weiter kann,
> bleib ich anbetend stehen.
> O dass mein Sinn ein Abgrund wär
> und meine Seel ein weites Meer,
> dass ich dich möchte fassen!

Unglaublich schöne Bilder für das, was nicht in Worte zu fassen ist. Und diese grenzenlose Liebe gilt eben nicht nur dem Christuskind. Im besten Falle jedem, den wir in Liebe anschauen und in dessen Gegenüber-Sein die Gegenwart von etwas Drittem spürbar wird. Wo wir sehen, gesehen werden und ein magischer Moment entsteht – ohne sich sattzusehen. Mit nichts komme ich meiner Seele, wenn ich sie im Alltag aus den Augen verloren habe, schneller näher als mit dem Singen. Und ich liebe die alten Weisen. Weil in diesen Weisen Weisheit steckt und unendlich viel überwundenes Leid, besser gesagt, Leid, das die Hoffnung nicht zu ersticken vermochte.

Beim Kirchentag erlebte ich den Theologen Fulbert Steffensky, wie er über die Kraft von alten Texten sprach. Der ehemalige Benediktinermönch und Witwer von Dorothee Sölle hat in seinem Leben so viel erlebt, erlitten und durchdacht, dass er weder sich noch seinen Zuhörern mehr irgendetwas beweisen muss. Mit über 80 Jahren sprach er ruhig und gelassen darüber, warum es sich lohnt, alte Lieder zu kennen. Allein der Gedanke, dass ein Lied schon von den Generationen vor uns gesungen wurde, wirke wie eine Stütze für unseren «windschiefen Glauben» – beispielsweise die Werke von Paul Gerhardt. Gäste seien wir in den Liedern, «und dieser Gaststatus lässt uns in den Zelten ihrer Hoffnung wohnen». Als alle zum Schluss gemeinsam sangen: «Nun ruhen alle Wälder», kam die Strophe: «Auch euch, ihr meine Lieben, / soll heute nicht betrüben / kein Unfall noch Gefahr. / Gott lass euch selig schlafen, / stell euch die güldnen Waffen / ums Bett und seiner Engel Schar.»

Ich hatte sofort meine Großmutter vor Augen, wie sie das uns als Kindern vorgesungen hat, und musste weinen und lachen, denn ich erinnerte mich, wie ich mich «verhört» hatte und mich als Kind immer wunderte, was die «goldenen Waffeln» genau an meinem Bett sollten.

Aber da hast du es doch wieder, das Band, das uns über Generationen verbindet, uns hält und an dem wir weiter knüpfen können. Das ist das Schöne an Traditionen: die Glut bewahren, nicht die Asche.

Eines meiner Vorbilder, der katholische Priester und Benediktinermönch Willigis Jäger, fiel massiv in Ungnade bei «seiner» Kirche, als er anfing, sich mit den verschiedenen Traditionen von östlicher Meditation und westlicher Kontemplation zu beschäftigen. Er war einfach seiner Zeit voraus, heute ist das ja nichts Anrüchiges mehr. Er verband christliche Traditionen mit Praktiken aus dem Zen, wurde schließlich sogar Zen-Meister. «Sitzungen» auf seinem Benediktushof in der Nähe von Würzburg beginnen gerne mit einem Lied oder Klang, dann geht es in die Stille und zurück wieder abschließend zum Gesang. Musik umsäumt die Stille.

Worauf hörst du denn dann in der Stille? Wird das nicht schnell langweilig? Wenn so gar nix los ist?

Langweilig? Keine Spur. Das ist etwas ganz Köstliches, nicht wirklich in Worte zu fassen, wenn du in diesen Raum vorstößt. Willigis nennt das: «Die Stille hinter der Stille». Das steht auch für einen Ozean der Stille, aus dem wir alle kommen und in dem wir nur die kleinen Wellen sind. Spiritualität meint das unmittelbare Erleben des Allgegenwärtigen. Der «Spiritus» ist dabei aber nicht der Weingeist, sondern der Geist, der in allem steckt. Er ist erlebbar beim Einatmen, bei der «Inspiration» – wie wir ja in der Medizin sagen –, und beim Ausatmen, der «Exspiration». Dabei wird Lebensgeist inhaliert und ausgetauscht, und das verbindet uns mit dem großen Ganzen. Wer mit dem Atem eins sein kann, so sagen die großen Meditationsmeister, der erfährt Freiheit, Gelassenheit und tiefe Zufriedenheit – Glückseligkeit. Da liegt wohl noch viel Arbeit vor uns beiden.

Im Englischen gibt es nur ein Wort für Gegenwart und Geschenk: «present». Ein gegenwärtiger Moment in Liebe ist das eigentliche Geschenk. Es ist ein so großes Geschenk, dass viele sich gar nicht trauen, das Geschenk auszupacken, das Leben anzupacken. Wir leben so, als würden wir ewig leben. Und wir sterben so, als hätten wir niemals richtig gelebt. Wenn wir versuchen, den Moment einzufrieren für später oder den Tag zu vertagen, gewinnen wir nichts. Denn jeder geistesgegenwärtige Augenblick entzieht sich unserer Konsumlogik. Diese Art von «Präsent» ist umsonst, nicht übertragbar und vor allem: vom Umtausch ausgeschlossen.

NACHWORT

*«Es ist gut, wenn uns die verrinnende Zeit nicht
als etwas erscheint, das uns verbraucht und zerstört,
sondern als etwas, das uns vollendet.»*

ANTOINE DE SAINT-EXUPÉRY

Lieber Tobias, jetzt haben wir einen großen Kreis beschrieben, von der Gleitsicht über die U-Kurve bis zum All-Eins. Was heißt das jetzt konkret für dich und mich? Wie möchtest du selbst alt werden?

Ich wünsche mir, dass ich später mehr Zeit habe als jetzt: für Muße, für nette Menschen um mich herum. Ich hätte sehr gerne auch Enkelkinder. Auch meine Frau und ich haben noch etwas miteinander vor. Es gibt Freunde, du und ich, wir teilen weiterhin etwas. Hier und da gibt es Inspirierendes. Ich stelle mir mein Leben im Alter so vor, dass meine körperlichen Einschränkungen es mir erlauben, das eine oder andere zu unternehmen, vielleicht auch noch zu arbeiten. Aber das müssen keine großen Sprünge mehr sein. Ich freue mich, ehrlich gesagt, auch auf die kleinen Dinge. Hoffentlich kann ich die dann noch sehen. Und wie ist es bei dir?

Ich habe schon angefangen, nervige Dinge und rein selbstbezogene Menschen aus meinem Leben zu entfernen. Mir ist die Kostbarkeit der Zeit heute viel bewusster als noch vor wenigen Jahren. Ich möchte jetzt schon nur noch Dinge tun, die mir Freude machen und in denen ich einen Sinn sehe.

Und neben den Freunden, Familie und neue Welten entdecken ist mein Element, seit ich Kind bin, Menschen zum Lachen, Staunen und Nachdenken zu bringen. Das habe ich in
meinen Lehr- und Wanderjahren als Straßenkünstler und
Varieté-Moderator schon immer im Hinterkopf gehabt. Ich
sehe es als ein Privileg, mit dem Wort und nicht mit körperlichen Fähigkeiten auf der Bühne zu stehen. Die Artisten
können so hart trainieren, wie sie wollen, es bleibt wie bei
jedem Hochleistungssportler, Fußballer oder Sänger dabei,
dass man irgendwann den Zenit überschritten hat. Musiker und Komiker können bis ins hohe Alter immer besser
werden, weil sie gelassener werden. Und mehr vom Leben
verstanden haben, worüber sie lachen können und was sie
in die Waagschale werfen können. Mein Idol, John Cleese,
habe ich gerade auf Europatournee erlebt – und der wird
nächstes Jahr 80! Er sagte in der «Frankfurter Allgemeinen
Zeitung» auf die Frage von Jörg Thomann, ob Älterwerden
eine gute Sache sei: «Ich finde das Leben gerade viel interessanter und spaßiger als je zuvor. Das Gute daran ist: Du
beginnst zu erkennen, dass manche Leute dich ohnehin nie
mögen werden. Es hat also keinen Sinn, zu hart daran zu
arbeiten, von allen geliebt zu werden. Wenn Leute sagen,
dass sie mich nicht lustig finden, dann ist das für mich absolut in Ordnung, schließlich gibt es überall auch Formen
von Humor, die mich nicht ansprechen. Als ich jung war,
hoffte ich, dass das, was ich machte, jeder mögen würde.
Jetzt aber weiß ich, dass es völlig unrealistisch ist, das zu
erreichen. Das nimmt eine Menge Druck von dir. Ein weiterer Unterschied zu meiner Jugend ist, dass ich damals ohne
jeden blassen Schimmer auf die Bühne trat, ob das, was ich
tat, jemandem gefallen würde. Nun, nach fünfzig Jahren im

Unterhaltungsgeschäft, weiß ich, dass die Zuschauer nicht deshalb dort sitzen, weil sie mich hassen. Und ich habe den Punkt erreicht, wo sie mir schon dafür applaudieren, dass ich noch atmen kann.»

Was dir die Bühne ist, ist für mich die Arztpraxis – oder das Labor, der Hörsaal. Ich forsche gerne, ich unterrichte gerne, ich halte auch gerne Vorträge. Und ich helfe bei Konferenzen und im Gesundheitswesen generell, wie ich hoffe, relevante Ideen mit voranzubringen. Aber ich sehne mich auch wieder danach, im klassischen Eins-zu-eins-Gespräch jemandem zuzuhören, die Person vor mir zu verstehen, zu behandeln – und zu erleben, wie das gemeinsam Erlebte für diesen konkreten Menschen einen Unterschied macht.

Das kann ich total gut verstehen. Mir sind heute noch aus meiner kurzen klinischen Zeit Begegnungen und Menschen in Erinnerung, von denen ich gerne wüsste, was aus ihnen geworden ist.

Machen wir mal den Zeitsprung in die andere Richtung. Eine gute Frage lautet ja: Welchen Ratschlag würde dein zukünftiges Ich dem heutigen geben?

Mehr auf die Zwischentöne achten, auf die leisen Klänge, die Töne hinter den Tönen – und die Pausen dazwischen. Weniger ist mehr! Und du?

Ich höre nicht auf Ratschläge, noch nicht mal meine eigenen!

Und was wünschen wir unseren Lesern und uns allen?

Ich hoffe schon, dass unser Gespräch Kreise zieht. Überall, wo wir von der Idee anfingen zu erzählen, gab es jedenfalls sofort Diskussionen, Nachfragen, Einwände und Einsichten. Wenn wir also dazu beitragen können, das alte und schädliche Bild des Älterwerdens von Siechtum und Windeln zum Wackeln zu bringen und mehr Lust auf die spannenden persönlichen Entwicklungschancen zu machen, bin ich schon sehr glücklich. Ich hoffe, dass die Alten im Alltag mehr gesehen werden, dass wir ihnen mehr zuhören, mit ihnen sprechen. Wir müssen wieder mehr unter einem Dach in einem Generationenmix wohnen oder andere Ideen und Formen finden, um uns besser miteinander auszutauschen. So können wir dem Alter mehr Würde und Schönheit in unserer Mitte geben.

Und wir sollten auch nicht immer nur von den Kosten sprechen, die die Alten den Jungen aufbürden, sondern auch von Generativität und dem, was wir von ihnen zurückbekommen – von Kultur, Weisheit und gesellschaftlichem Klebstoff ...

Lass uns mehr von den Alten berichten, im Privaten, aber auch in den Medien. Sie bilden bald die Mehrheit, was auch nicht unproblematisch für eine Demokratie ist. Denn jugendliche Offenheit im Denken und verrückte Ideen braucht es auch für die Erneuerung. Es kommt auf einen guten Mix an von Bewahren und Aufbrechen. Das Absurde ist ja: Unsere Generation redet die ganze Zeit von Nachhaltigkeit, aber der CO_2-Abdruck von meinem Vater ist viel, viel kleiner als meiner. Und das schon über sein ganzes Leben.

Wir müssen heute über die eigene Generation hinweg viel stärker in die Zukunft denken: Wer vertritt heute die

Interessen der kommenden Generationen? Wir werden uns fragen lassen müssen: Was habt ihr 2018 gegen die offensichtliche Zerstörung der Lebensgrundlagen auf diesem Planeten getan?

Und dahinter steckt keine linke oder grüne Ideologie, auch Konservative haben erkannt, dass konservieren, sprich: bewahren, das zentrale Thema unserer Zeit ist. Und es hat auch eine spirituelle Dimension. Wenn wir wissen, was wir wirklich brauchen, verbrauchen wir weniger. Wenn ich Frieden in mir finden kann, muss ich nicht auf die Malediven, um dort zur Ruhe zu kommen, dann reicht mir auch mal Mecklenburg-Vorpommern. Ich habe gerade mit den Menschen diskutiert, die den Ökumenischen Kirchentag in Frankfurt 2021 vorbereiten. Alle Weltreligionen haben diesen Gedanken der «Bewahrung der Schöpfung». Und auch jeder Humanist und Atheist kann mitfühlen, auf welche Krise wir zusteuern, wenn wir so weitermachen wie bisher. Ich finde, da bekommt das zentrale Thema des Christentums, die Nächstenliebe, eine ganz neue Bedeutung. Können wir die Nächsten auch lieben, wenn sie noch nicht geboren sind? Können wir so etwas wie «Übernächstenliebe» entwickeln? Können wir mal nicht uns selbst die Nächsten sein, sondern denen, die heute Bildung, Wohlstand und Gesundheit brauchen? Ich möchte nicht, dass sich die Weltbevölkerung durch Krieg, Wasser- und Nahrungsmangel dezimiert, sondern auf humane Art und Weise in ein Gleichgewicht kommt. Aber ich mache mir ernsthaft Sorgen. Nach uns die Sinnflut? Nein, vor uns die Herausforderung.

Darüber machen wir das nächste Buch! Aber für mich steckt ein Teil der Lösung auch in der «U-Kurve». Wenn wir früher schon kapieren, welche Lebensmotive zählen und welche nicht, müssen wir weniger energieaufwendige Schleifen drehen, bis wir bei uns angekommen sind. Ich denke, es ist sehr wichtig, dass wir Vorbilder haben. Auch alte Menschen, die Altersweisen, die uns den «Ältestenrat» erteilen. Das macht vieles leichter – und entlastet auch die Jüngeren: Man fängt nicht immer wieder von vorne an. Wir können uns viel öfter trauen, zentrale Fragen zu stellen:

– WIE GLÜCKLICH bin ich gerade?
– WIE ZUFRIEDEN bin ich mit meinem Leben?
– WAS IST MIR WICHTIG im Leben – was zählt?

Und die Antworten können wir nicht alle geben, wissen, haben. Aber suchen. Gute Fragen sind wichtiger als gute Antworten. Hat man auch länger was von. Und wo wir schon mit Rilke eröffnet haben und den Ringen, können wir ja jetzt aufhören mit dem Ringen um das Schlusswort und es einfach dem Dichter überlassen.

Reifen wie der Baum, der seine Säfte nicht drängt und getrost in den Stürmen des Frühlings steht, ohne Angst, dass dahinter kein Sommer kommen könnte.

Man muss Geduld haben mit dem Ungelösten im Herzen und versuchen, die Fragen selbst liebzuhaben, wie verschlossene Stuben und wie Bücher, die in einer sehr fremden Sprache geschrieben sind. Es handelt sich darum, alles zu leben. Wenn man die Fragen lebt, lebt man vielleicht allmählich, ohne es zu merken, eines fernen Tages in die Antworten hinein.

VORBILDER
FÜR GELINGENDES LEBEN

HOFFNUNG

HUMOR

NEUGIER

TAPFERKEIT   WEISHEIT

BINDUNGSFÄHIGKEIT

Wer sind Ihre Vorbilder?

Wir haben im Laufe des Buches immer wieder Menschen erwähnt, die uns wegen bestimmter Entwicklungen und Stärken imponiert haben. Wir bewundern sie für besondere Eigenschaften und Prinzipien der Zufriedenheit in der zweiten Lebenshälfte. Auf den folgenden Seiten möchten wir sie Ihnen daher hintereinanderweg vorstellen. Die meisten sind über 80, die beiden Jüngeren haben eine besondere Geschichte, durch die sie schneller «reiften».

Im Rahmen der «Grant Study» der Harvard University konnten entscheidende «Glücksdeterminanten» identifiziert werden, die für eine hohe Lebenszufriedenheit im Lebensverlauf stehen. Das heißt: Hinter jeder Biographie stecken Muster. Und ist es nicht schön, wenn die Wissenschaft bestätigt, was Sie wahrscheinlich schon lange geahnt haben?

Demnach sind Menschen im Alter sehr oft dann zufrieden, wenn sie eine Aufgabe haben, der sie sich mit Hingabe widmen können. Diese Menschen können zudem loslassen, anderen etwas geben, sie glauben an etwas, das über sie hinausweist, sie haben die Fähigkeit, zu lieben und sich selbst als liebenswert zu empfinden.

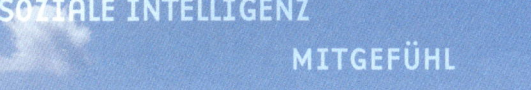

SOZIALE INTELLIGENZ

MITGEFÜHL

VERGEBUNGSBEREITSCHAFT

TEAMWORK

AUSDAUER   FAIRNESS

FREUNDLICHKEIT

DANKBARKEIT

Unabhängig vom Alter gibt es auch bestimmte Charakterstärken, die besonders eng mit Zufriedenheit verknüpft sind, zum Beispiel Hoffnung, Enthusiasmus, Bindungsfähigkeit, Neugier und Dankbarkeit. Die Glücksfähigkeit und diese Stärken sind übrigens nicht angeboren, sondern lassen sich ausbauen und trainieren. Sie sind sogar ansteckend! Deshalb lohnt es sich, sich mit starken Persönlichkeiten auseinanderzusetzen: Sie färben ab.
Weil wir uns auf zehn Vorbilder und damit auch auf zehn Stärken beschränken, finden Sie hier auf der rechten Seite noch ein paar Bausteine, um Ihre eigene Vorbildergalerie zusammenzustellen. Machen Sie das. Das macht etwas mit Ihnen! Denn wer eine positive Erwartung ans Älterwerden hat, lebt länger und zufriedener. Und falls Sie selber schon über 80 sind, widmen Sie sich doch direkt der Königsdisziplin: selber zum Vorbild für die nächste Generation zu taugen. Entweder als abschreckendes Beispiel – was wir mal nicht hoffen wollen. Oder aber Sie sind und werden eine Quelle der generationsübergreifenden Inspiration!

INGEBORG VON HIRSCHHAUSEN
FAMILIE ZUSAMMENHALTEN

ECKART: *Meine Mutter, Ingeborg von Hirschhausen, geboren 1938 in Reval, dem heutigen Tallinn/Estland. Die Familie ist 1939 mit den Deutschbalten umgesiedelt, 1945 geflüchtet und schließlich in Baden-Württemberg gelandet. Während des Studiums hat sie meinen Vater kennengelernt. Auf die eigene Karriere als Lehrerin hat sie verzichtet zugunsten der Familie und der Erziehung von uns vier Kindern. Viele Jahre arbeitete sie am Kunsthistorischen Institut in Berlin als Fremdsprachensekretärin. Sie hat viel erlebt, viel durchlitten und immer durchgehalten. Heute würde man sie eine «Powerfrau» nennen, aber das trifft es nicht. Ihre Stärken setzt sie in erster Linie für andere ein: für ihren Mann, ihre Kinder, inzwischen für die Enkel. Sie hält die Familie zusammen, sie hat ihre Eltern gepflegt, nähere und entferntere Angehörige begleitet und dafür sogar eine Pflegehelferausbildung gemacht. Sie ist mir ein leuchtendes Vorbild in ganz vielen Bereichen: Verbindlichkeit, Verantwortung und Toleranz, Herzblut und Planung, Glaube, Liebe und Hoffnung.*

HEINRICH VON HIRSCHHAUSEN
HUMOR

ECKART: *Mein Vater, Heinrich von Hirschhausen, 1935 geboren auf der Insel Ösel in Estland. Wie meine Mutter ist er als Deutschbalte in den Wirren des Zweiten Weltkrieges als Flüchtling nach Deutschland gekommen, vaterlos. Im Allgäu ist er wieder sesshaft geworden. Dank eines Stipendiums konnte er Naturwissenschaftler werden. Während meine Mutter uns Kindern das soziale Vorbild wurde, steht mein Vater für das Wissen und das Lernen. Er liebt es, ins Theater oder Kabarett zu gehen, und mochte es, Dieter Hildebrandt im Fernsehen zuzuschauen. Er zitiert bis heute gerne Loriot und konnte auch an Albernheiten Freude haben wie den Sketchen der Fernsehsendung «Klimbim». Durch seine protestantisch-theologischen Vorfahren, die Liebe zur Wissenschaft und die Freude an komischen Gedichten von Morgenstern bis Ringelnatz hat er mich geprägt und ist eins meiner Vorbilder für Humor als Lebens- und Überlebensprinzip.*

IHR VORBILD
FÜR FAMILIE ZUSAMMENHALTEN

_____

_____

_____

_____

_____

_____

_____

_____

IHR VORBILD
FÜR HUMOR

_____
_____
_____
_____
_____
_____
_____
_____
_____
_____

RENATE ESCH
DANKBARKEIT

TOBIAS: *Meine Mutter Renate Esch, geboren 1933, wuchs in Brandenburg auf. Früh wurde sie mit Krieg, Flucht, Armut und Verlust konfrontiert. Auch die Familie war nicht immer ein Hort der Freude, und schwere Erkrankungen führten dazu, dass sie früh viel entbehren musste, emotional wie körperlich, und lernte, ihren eigenen Weg zu finden und zu gehen.*

Das selbst erarbeitete, geliebte Medizinstudium musste sie wegen der erhofften Familiengründung abbrechen. Dennoch blieb sie bis heute eine emanzipierte, streitbare, lebensfrohe, politisch und gesellschaftlich engagierte Frau. Und ein Vorbild für viele. Wo sie ist, ist immer etwas los, da ist die Mitte – wie auf einem Marktplatz. Es gibt immer einen klugen Rat, auch Widerspruch, und selbstgemachten Honig, Eier von den eigenen Hühnern und Obst, Gemüse aus dem Garten. Autonom und selbstbestimmt leben, in und mit der Natur, dankbar für alles – das ist ihr Motto. Sie glaubt an den «Herrgott» und daran, dass jeder Mensch nur ein kleines «Sandkorn» ist, Teil von etwas Größerem. Ich bewundere diese Frau!

IHR VORBILD
FÜR DANKBARKEIT

_____

_____

_____

_____

_____

_____

_____

_____

JANE GOODALL
NATURVERBUNDENHEIT

ECKART: *Jane Goodall hat mich angeschaut und stellte mir eine Frage: Wie kann es sein, dass die intelligenteste Art, die je auf der Erde gelebt hat, ihr eigenes Zuhause zerstört? Seitdem lässt mich diese Frage nicht mehr los. Jane ging mit 26 ohne wissenschaftliche Ausbildung in den Dschungel. Ihr wurde klar, dass der Mensch nicht die Krone, sondern ein Teil der Schöpfung ist. Und als sie mit ansehen musste, wie der Lebensraum ihrer geliebten Menschenaffen durch den Menschen zerstört wurde, widmete sie die zweite Hälfte ihres Schaffens dem Naturschutz und wurde die wohl bekannteste Umweltaktivistin der Welt.*

«Wir haben offensichtlich die Weisheit der Vorfahren verloren, die sich fragten: Wie wird meine Entscheidung die nächste Generation betreffen? Mir scheint, als sei die Verbindung zwischen unserem cleveren Hirn und dem menschlichen Herzen, der Liebe und Leidenschaft, irgendwie zerrissen.»

Jane hat mich tief beeindruckt durch ihre radikale Naturverbundenheit und ihr unermüdliches Engagement, die Bedrohung unseres Lebensraumes ernst zu nehmen und zu handeln.

Foto: Thorsten Rabsch

IHR VORBILD
FÜR NATURVERBUNDENHEIT

_____

_____

_____

_____

_____

_____

_____

_____

_____

WILLIGIS JÄGER
SPIRITUALITÄT

TOBIAS: *Willigis Jäger wurde 1925 geboren und trat mit Anfang 20 dem Benediktinerorden bei. 1952 wurde er zum Priester geweiht. Nach langjährigen Aufenthalten in Japan wurde er schließlich Mitte der neunziger Jahre Zen-Meister. Das passte vielen in seiner Kirche nicht: 2002 erteilte man ihm ein Rede- und Schreibverbot. Er hielt sich aber nicht daran. 2003 entstand bei Würzburg sein Zen- und Meditationszentrum «Benediktushof»; bis heute sein Wohnort und Wirkungsstätte zugleich. Willigis ist auch mit über 90 Jahren ein weiser Wandler geblieben, ein Wandler zwischen den Welten und Kulturen, zwischen Geist, Seele und Körper, zwischen christlicher Mystik und dem Buddhismus. Er hat sein Leben der Erfahrung von authentischem Glauben und Spiritualität gewidmet – jenseits von Religionen und «Obrigkeit». Mich prägte besonders sein Leitspruch: Erfahre die «Stille hinter der Stille», den Urgrund, aus dem alles kommt und zu dem alles wird.*

IHR VORBILD
FÜR SPIRITUALITÄT

_____

_____

_____

_____

_____

_____

_____

_____

_____

ERIC KANDEL
NEUGIER

ECKART: *Eric Kandel wurde in Wien als Sohn jüdischer Eltern geboren, musste mit acht Jahren in die USA fliehen und wurde dort einer der wichtigsten Hirnforscher. Er bekam im Jahr 2000 den Nobelpreis. Ich lernte ihn durch ein Interview kennen. Er hat die ansteckendste Art zu lachen und geht mit über 80 weiter in sein Labor. Seine Neugier kennt keine Grenzen. Noch wichtiger als der Nobelpreis ist ihm, dass sich durch sein beharrliches öffentliches Drängen die Stadt Wien von ihrem antisemitischen Bürgermeister der Nazizeit distanzierte und den «Dr.-Karl-Lueger-Ring» im Jahr 2012 endlich in «Universitätsring» umbenannte.*

Wie lernt man zu denken wie ein Nobelpreisträger? Eric sagt: «Wenn die anderen Kinder aus meiner Klasse nach Hause kamen, haben die Eltern immer gefragt: ‹Was hast du heute in der Schule gelernt?› Ich wurde immer gefragt: ‹Was hast du heute in der Schule für eine Frage gestellt?›»

IHR VORBILD
FÜR NEUGIER

_____

_____

_____

_____

_____

_____

_____

_____

MARTIN CLEMM
HINGABE

TOBIAS: *Für mich ist Martin Clemm ein Vorbild für jemanden, der seiner Passion treu bleibt, der gegen die härtesten Widerstände ankämpft, mit Leidenschaft und Hingabe. Martin ist begeisterter Fliegenfischer, er liebt die Natur und das Einswerden mit den Elementen beim Angeln – es ist seine Form der Meditation. Und er hält daran fest, obwohl er seit 15 Jahren durch einen Badeunfall ab der Halswirbelsäule brustabwärts gelähmt ist. Dieses Ereignis hat alles in Frage gestellt. Und doch ist er heute ein ansteckend zufriedener Mensch, inspirierend für all jene, die ihn umgeben. Er arbeitet hart an sich und der Bewältigung seines Alltags. Heute lebt er seine zweite Hälfte, hat die «bessere» einfach vorgezogen, den Teil dazwischen gewissermaßen übersprungen, «im Zeitraffer durchlebt», wie er sagt. Und er hat sich zum Ziel gesetzt, auf 30 Fischarten weltweit zu fischen: Für ihn sind sie 30 Gründe zu leben (https://30reasonsmovie.com). Auf dem Weg zum Ziel stellte er fest, dass es eigentlich um die Reise ins Innere geht, zum Kern des Seins, zum Ursprung von Glück und Zufriedenheit in uns selbst.*

IHR VORBILD
FÜR HINGABE

_____
_____
_____
_____
_____
_____
_____
_____

PADDY JONES
BEWEGUNG

ECKART: *Als Paddy Jones schon über 70 war, erfüllte sie sich einen langgehegten Traum und lernte Salsa tanzen. In ihrer Jugend hatte sie zwar Ballett gelernt, ihre Tanzkarriere aber beendet, nachdem sie ihren Mann kennengelernt hatte. So lag den größten Teil ihres Lebens ihr Bewegungstalent brach. Als ihr tanzmuffeliger Mann gestorben war, suchte sie sich einen spanischen Tanzlehrer und erlebte mit ihm eine späte und unerwartete Fernsehkarriere. Für ihre Salsa-Darbietung wurde sie in meiner Sendung «Hirschhausens Quiz des Menschen» gefeiert. Sie hat mich inspiriert, die vielfach belegte positive Kraft von Bewegung und insbesondere vom Tanzen stärker in mein Leben zu integrieren. Und sie hat mir auf beeindruckende Weise gezeigt, wie lange ein Traum in einem schlummern kann und welche Kraft es hat, ihn zu leben – egal wann.*

Foto: WDR/Max Rohr

IHR VORBILD
FÜR BEWEGUNG

_____

_____

_____

_____

_____

_____

_____

_____

_____

DAGMAR MARTH
TAPFERKEIT

TOBIAS: *Dagmar Marths Leben ist für mich ein Vorbild für das, was «posttraumatisches Wachstum» genannt wird. Im Alter von 27 Jahren hatte sie einen Unfall und kam unter die Räder einer Berliner U-Bahn. Sie verlor von jetzt auf gleich einen Arm und ein Bein – und damit gefühlt ihre Lebensperspektive als junge, attraktive und tanzbegeisterte Frau. Heute, viele Jahre später, ist sie in ihrem «zweiten Leben» angekommen, ist glücklich, dankbar und berät Menschen, die vor einer Amputation stehen. Ich mag ihr herzliches Strahlen, ihren Humor und ihre empathische Art, die es ihr ermöglicht, anderen Menschen Hoffnung zu geben, dass sie sich mit ihrem Schicksal werden anfreunden können. Ihre Zuversicht ist ansteckend!*

Foto: Christina Kurby

IHR VORBILD
FÜR TAPFERKEIT

_____

_____

_____

_____

_____

_____

_____

_____

_____

MARGOT FRIEDLÄNDER
WISSEN WEITERGEBEN

ECKART: *Margot Friedländer ist für mich ein Vorbild, weil sie mit 96 Jahren immer noch Berliner Schulklassen besucht und ihnen ihre Lebensgeschichte erzählt. Sie überlebte als junges Mädchen Verfolgung und Krieg im Untergrund in Berlin sowie im Konzentrationslager Theresienstadt. Sie ist eine Kämpferin gegen das Vergessen und für die Wahrheit. Sie wird gebraucht, das spürt sie, und das weiß sie, und das hält sie so jung! Wenn wir Menschen im Parlament dulden, die auf den Zweiten Weltkrieg stolz sein wollen, ist es umso wichtiger, denen zuzuhören, die von dieser Zeit authentisch berichten können. Ihre Biographie «Versuche, dein Leben zu machen» veröffentlichte sie 2010, und 2018 hat die Stadt Berlin sie zur Ehrenbürgerin gemacht. Sie hat durch ihre Arbeit viele tausend Menschen zu «Zweitzeugen» gemacht, zu Menschen, die eine Zeitzeugin noch direkt erlebt haben.*

IHR VORBILD
FÜR WISSEN WEITERGEBEN

_____

_____

_____

_____

_____

_____

_____

_____

_____

DANK

«Wäre das Wort Danke *das einzige Gebet,*
das du sprichst, so würde es genügen.»

MEISTER ECKART

Unser erster Dank geht an unsere Familien, in allen Generationen, aber in erster Linie natürlich an unsere «besseren Hälften»: Maren Esch und Ursula von Hirschhausen.

Der Rowohlt Verlag hat sein Bestes gegeben, um trotz kleiner Verzögerung ein so schönes Buch rechtzeitig erscheinen zu lassen:

Dank an Barbara Laugwitz, Chefin des Hauses, für ihren persönlichen Einsatz, Dank an Julia Vorrath für das Lektorat und Dank an Christine Lohmann, die das Layout mit viel Liebe zum Detail und viel Arbeit außerhalb der üblichen Zeiten gestaltet hat.

Dank an Susanne Herbert, die als Managerin schon alle bisherigen Bücher von Eckart erfolgreich auf den Weg gebracht hat. Dafür, dass sie sich auf das Experiment der doppelten Autorschaft eingelassen und für den letzten Schliff auf die ersten Wochen ihres Familienurlaubs verzichtet hat.

Dank an Amanda Mock, die von Anfang an half, all die krausen Gedanken und Ideen in eine Form und vor allem auf eine Online-Arbeitsplattform zu bringen, die gegen alle Befürchtungen zwar Texte verdoppelte, aber nie verschluckte.

Für all die wunderbaren Fotos geht unser Dank an Camillo Wiz, der mit seinem künstlerischen Blick alle Motive umsetzte!

Die Galerie der Vorbilder und die Grafiken gestaltete in bewährter Manier die Grafikerin Dani Muno.

Tobias dankt seinen Wissenschaftler- und Medizinerkollegen, die seinen Weg ermöglichten und wesentlich prägten: Herbert Benson, Peg Baim, Greg Fricchione, Tom Delbanco und Jan Walker an der Harvard University, George Stefano an der State University of New York, Martin Seligman an der University of Pennsylvania, Gustav Dobos und Stefan Gesenhues an der Universität Duisburg-Essen.

Dank an all unsere Vorbilder, die genannten und ungenannten, insbesondere auch an Annelie Keil für ihre liebevolle und weise Begleitung des Projekts.

Und an Jon Kabat-Zinn für den wunderbaren Satz: «Solange du atmest, ist mehr an dir gesund als krank!»

 PLOS | ONE

RESEARCH ARTICLE

Positive age beliefs protect against dementia even among elders with high-risk gene

Becca R. Levy[1,*], Martin D. Slade[2], Robert H. Pietrzak[3,4], Luigi Ferrucci[5]

1 Social and Behavioral Science Department, Yale School of Public Health, New Haven, Connecticut, United States of America, 2 Department of Internal Medicine, Yale School of Medicine, New Haven, Connecticut, United States of America, 3 Department of Psychiatry, Yale School of Medicine, New Haven, Connecticut, United States of America, 4 U.S. Department of Veterans Affairs National Center for Posttraumatic Stress

─── ANHANG ───

WER ES GENAUER WISSEN WILL

Wer es genauer wissen will, findet auf den folgenden Seiten wissenschaftliche Details und Hintergründe zu den wichtigen Aspekten und Studien aus unserem Gespräch.

DIE PHASEN DES ALTERNS

Der Begriff «Alter» zielt auf die Lebensperiode älterer Menschen ab, die der «Alten». Sie ist das Ergebnis des Altwerdens. Im Gegensatz dazu geht es beim «Altern» vor allem um die Prozesse und Mechanismen, die zum Alter führen und die dem Altwerden/Altsein zugrunde liegen.[1] Altern ist ein normaler Vorgang und keine Krankheit,[2] es verläuft dynamisch und nicht geradlinig. Dabei wird das primäre Altern – die theoretisch mögliche Lebensspanne (= maximal erreichbares Alter: biologisch vorgegeben, angeboren) – vom sekundären Altern abgegrenzt, das die Lebensspanne durch äußere Einwirkungen wie Krankheiten oder einen ungünstigen Lebensstil individuell verkürzt.

Neben dem chronologischen Alter, gerechnet ab dem Tag der Geburt, wird heute insbesondere das biologische Alter berechnet, unter anderem anhand von Biomarkern für den Alterungsprozess. Biomarker des Alterns sind Merkmale, die eine bessere Vorhersage der tatsächlichen Funktionsfähigkeit des Organismus im höheren Alter erlauben und dabei zuverlässiger als das chronologische Alter sind.[3] Nach solchen Markern wird heute intensiv geforscht, wobei die Erbinformationen (Chromosomen, Gene) im Mittelpunkt stehen.[4, 5]

Verschiedene weitere Formen des Alterns finden sich in der Fach-

---

1 Baltes PB, Baltes MM. Gerontologie: Begriff, Herausforderung und Brennpunkte. In: Baltes PB, Mittelstraß J, Staudinger UM (Hrsg.). Alter und Altern: Ein interdisziplinarer Studientext zur Gerontologie. Verlag Walter de Gruyter, Berlin, 1994

2 Smith R. In search of «non disease». BMJ 2002; 324: 883–885

3 Baker GT, Sprott RL. Biomarkers of aging. Experimental Gerontology 1988; 23: (4–5): 223–239

4 Blackburn EH, Epel ES, Lin J. Human telomere biology: A contributory and interactive factor in aging, disease risks, and protection. Science 2015; 350 (6265): 1193–1198

5 Horvath S, Raj K. DNA methylation-based biomarkers and the epigenetic clock theory of ageing. Nat Rev Genet 2018; 19 (6): 371–384

literatur, unter anderem physisches, physiologisches, neurobiologisches, psychisches, soziales und kulturelles Altern. Folglich stellt es einen vielschichtigen und mehrdimensionalen Prozess dar. In einzelnen Dimensionen kann das Altern sehr unterschiedlich verlaufen, beispielsweise können Gedächtnisleistungen ab- und das Erfahrungswissen zugleich zunehmen. Kulturelle Unterstützung und eine generelle Lebensweisheit können Anpassungsvorgänge befördern, die bis in die 80er Lebensjahre hineinreichen und auch dann noch ein hohes subjektives Wohlbefinden ermöglichen können.[6]

Die Vielschichtigkeit des Alterns lässt unterschiedliche Perspektiven zu. Dieses gilt ebenso für das Altwerden in der individuellen Lebensschau. Die Polarität oder Zweiteilung in Wachstum, Entwicklung, Aufbau (Adoleszenz) und Stagnation, Abbau, Vergreisung (Seneszenz) wird heute komplexer gesehen, was auch daran liegt, dass sich die verschiedenen Formen und Interpretationen von Alter, Altern und Altwerden überlappen. So haben viele altersbedingte Veränderungen (graue Haare, grauer Star usw.), wie wir heute sehen, keinen oder kaum Einfluss auf die Vitalität oder die tatsächliche Lebensdauer.[7]

Die Einteilungen der verschiedenen Lebens- und Alternsphasen unterscheiden sich je nach Fachrichtung und konkreter Perspektive. Nach WHO und Gerontologie (Altersforschung) markiert die chronologische Altersgrenze von 65 Jahren den Beginn des Alters,[8] danach folgen, je nach Expertenmeinung, weitere Phasen und Unterteilungen: So spricht man beispielsweise vom «jungen Alter» und vom «hohen Alter», wobei der Beginn der Hochaltrigkeit zumeist mit 80

6   Baltes PB, Staudinger UM, Lindenberger U. Lifespan psychology: theory and application to intellectual functioning. Annu Rev Psychol 1999; 50: 471–507

7   Vgl. Niedermüller H, Hofecker G. Lebensdauer: Genetische Determinierung und lebensverlängernde Strategien. In: Ganten D, Ruckpaul K (Hrsg.). Molekularmedizinische Grundlagen von altersspezifischen Erkrankungen. Springer, Heidelberg, 2004

8   BOLSA: U. Lehr, H. Thomae et al. (Laufzeit: 1965–1981), Längsschnittstudie

bis 85 Jahren angenommen wird.[9] Diese spätere Phase, manchmal auch als «viertes Lebensalter» bezeichnet, ist auch die Phase, wo gesundheitliche Beeinträchtigungen, Hilfe- und Pflegebedarf sowie letztlich auch die Sterblichkeit sprunghaft ansteigen.[8] Manche Autoren grenzen hiervon nochmals eine Phase der Höchstbetagten oder Hundertjährigen ab.[10]

DIE «NEUE PSYCHOLOGIE» DES ALTERNS

Die fachliche Sicht auf das Altern hat sich in den letzten Jahren erheblich gewandelt. Einen großen Anteil daran haben Erkenntnisse aus Neurobiologie, Hirnforschung und Psychologie, die als Brückendisziplinen eine wissenschaftliche Verbindung zwischen Grundlagenforschung, Naturwissenschaft, Geistes- und angewandten Gesundheitswissenschaften – inklusive der Medizin – hergestellt haben.[11] Ein zentraler Eckpfeiler der Alternsforschung ist die Gerontopsychologie geworden, die sich als Teildisziplin sowohl der Psychologie als auch der Gerontologie (Alternswissenschaft) zuordnen lässt.

Das Altern ist nicht schicksalhaft oder zwangsläufig mit Krankheit verbunden,[12] aber es ist ein bedeutsamer Risikofaktor für die Gesundheit und geht mit einer erhöhten Störungsanfälligkeit einher. Chronische Krankheiten nehmen im Alter statistisch zu

---

9 Vgl. Baltes PB, Smith J. New frontiers in the future of aging: From successful aging of the young old to the dilemmas of the fourth age. Gerontology 2003; 49: 123–135

10 Jopp DS, Rott C, Boerne K, Boch K, Kruse A. Zweite Heidelberger Hundertjährigen-Studie: Herausforderungen und Stärken des Lebens mit 100 Jahren. Robert Bosch Stiftung, Stuttgart, 2013

11 Esch T. Die Neurobiologie des Glücks. Wie die Positive Psychologie die Medizin verändert. Thieme, Stuttgart, 2017

12 Vgl. Brandenburg U, Domschke JP. Altern ist keine Krankheit. In: Brandenburg U, Domschke JP (Hrsg.). Die Zukunft sieht alt aus. Gabler, Wiesbaden, 2007

und treten oftmals gemeinsam auf (Multimorbidität), wobei sich typischerweise das Ansammeln von Störungen vor dem Tod beschleunigt (Morbiditätskompression).[13, 14] Früher dominierten in der Gerontologie die Defizitmodelle des Alters, heute bestimmen eher ressourcen- und kompetenzorientierte Modelle das Denken.[15] Allerdings betont die angewandte Gerontologie auch weiterhin die wahrgenommenen Defizite, weswegen sich noch immer mehr Studien mit negativen Aspekten des Alters beschäftigen als etwa mit Altersweisheit oder Altersglück.[15] Das Unglück ist in der Fachliteratur überrepräsentiert.

Neue Perspektiven setzen sich in der Gerontopsychologie durch, die unter anderem darauf beruhen, dass das nachberufliche Leben nicht mehr als einheitliche, kalendarisch definierte Lebensphase gesehen wird. Lebenslaufbezogene Prozesse sind stattdessen in den Fokus gerückt, Generationenbeziehungen werden vermehrt verknüpft, und auch Aspekte wie Kreativität und Spiritualität haben einen größeren Stellenwert bekommen.[16] Ein zentrales Gegenwarts- und Zukunftsproblem liegt jedoch im Auseinanderfallen der späteren Lebensphasen: Auf der einen Seite zeigten sich eine Aktivierung und soziokulturelle Verjüngung, auf der anderen Seite erfahren Menschen im hohen Lebensalter die Grenzen körperlicher und kognitiver Lebensdimensionen.[15] Der Heidelberger Alternspsychologe Hans-Werner Wahl, der die Diskussion einer «neuen Psychologie des Alterns» derzeit prägt, plädiert für eine gute Balance, bei der es darum geht, individuell auszutarieren, was noch möglich ist und wo

13 Mitnitski A, Howlett SE, Rockwood K. Heterogeneity of Human Aging and Its Assessment. J Gerontol A Biol Sci Med Sci 2017; 72 (7): 877–884

14 Vgl. Kruse A. Das letzte Lebensjahr. Grundriss Gerontologie (Band 21). Kohlhammer, Stuttgart, 2007

15 Vgl. Höpflinger F, Stuckelberger A. Demographische Alterung und individuelles Altern. Ergebnisse aus dem Nationalen Forschungsprogramm «Alter». Seismo Verlag, Zürich, 1999

16 Höpflinger F, Hummel C. Hugentobler V. Enkelkinder und ihre Grosseltern: Intergenerationelle Beziehungen im Wandel. Seismo Verlag, Zürich, 2006

die Grenzen liegen.[17] Nach Wahl bräuchte niemand Angst vor dem Altwerden zu haben, auch positive Facetten des Alters (Anpassungsfähigkeit, Ausgeglichenheit, seelische Gesundheit) seien verstärkt zu sehen. Ältere hätten oft mehr Wissen und Erfahrung, könnten besser mit negativen Emotionen umgehen und soziale Konflikte effektiver bewältigen. Jedoch sieht auch er für die meisten Menschen die letzten Lebensjahre geprägt vom herannahenden Tod, statistisch etwa ab dem Alter von 80 bis 85 Jahren: In dieser Phase werde das Alter für viele deutlich härter, Verluste im Umfeld wie auch auf der Ebene der eigenen Kompetenzen stünden im Vordergrund. Um sie zu kompensieren, würden immer mehr Aufmerksamkeit und Kraft benötigt. Allerdings verschiebt sich diese letzte Phase immer weiter nach hinten – die einzelnen Phasen selbst und ihre Platzierung im Lebensverlauf seien nicht nur individuell, sondern auch kollektiv einer dynamischen Veränderung unterworfen. Am chronologischen Alter selbst lasse sich daher wenig festmachen. Wahl spricht vom «erfolgreichen Altern» («successful aging») als Aufgabe für den Einzelnen, aber auch für Politik, Medizin und Gesellschaft. Die Autonomie – trotz Einschränkungen – könne auch mit Hilfe von Technik und Robotik lange erhalten bleiben. Er empfiehlt, das Altern mehr «vom Ende» her zu betrachten und die verschiedenen Lebensphasen individuell und dynamisch zu gestalten: Bei schwerer Krankheit kann sich die dynamische Abfolge der einzelnen Phasen des Alterns im individuellen Lebensverlauf auch schneller ergeben, worauf zu reagieren sei. *(Anmerkung: Wir sprechen in unserem Buch in diesem Kontext von der «Inhibitionstheorie», wonach die einzelnen Alternsphasen normalerweise nacheinander ablaufen und sich dabei gegenseitig hemmen, jene Ordnung aber durch frühe Schicksalsschläge mutmaßlich «enthemmt» werden oder gänzlich verlorengehen kann.)*

---

17 Wahl H-W. Die neue Psychologie des Alterns: Überraschende Erkenntnisse über unsere längste Lebensphase. Kösel, München, 2017

ZUFRIEDENHEITSPARADOXON

Angesichts wissenschaftlicher Daten zur Entwicklung und zum Erleben von Herausforderungen und Zufriedenheit über das Lebensalter kann heute als gesichert gelten, dass der Alternsprozess zwar mit einer erhöhten Auftrittswahrscheinlichkeit von Belastungen verbunden ist, die Zufriedenheitswerte im Alter aber nicht geringer und Belastungsstörungen oder psychosomatische Beeinträchtigungen nicht häufiger sind als in früheren Lebensabschnitten.[18] Dieser Sachverhalt erscheint zunächst «paradox», zumal empirische Untersuchungen schon seit langem belegen, dass mit zunehmendem Alter vergleichsweise mehr Entwicklungsverluste und weniger Entwicklungsgewinne erfahren werden.[19]

Das aufgrund dieses vermeintlichen Widerspruchs heute «Zufriedenheitsparadoxon» (mitunter auch: «Wohlbefindensparadox» oder «Wohlfühlparadoxon») genannte Phänomen, demzufolge sich eine objektive Verschlechterung der Lebenssituation nicht auf die subjektive Bewertung der Situation, auch auf die Lebensqualität insgesamt, auswirken muss, ist nicht einfach als eine selbstwertdienliche Verzerrung der Realität im Alter zu interpretieren («Selbsttäuschung», sich etwas «vormachen»).[20] Vielmehr scheint es einen eigenständigen, realen Befund darzustellen, der biologisch «sinnvoll» und begründet ist und mit einem inneren Reifungsprozess sowie zunehmender innerer Unabhängigkeit über die Lebens-

---

18 Aus: Kruse A. Resilienz bis ins hohe Alter. Springer, Heidelberg, 2015

19 Heckhausen J, Dixon RA, Baltes PB. Gains and losses in development throughout adulthood as perceived by different adult age groups. Dev Psychol 1989; 25: 109–121

20 Herschbach P. Das «Zufriedenheitsparadox» in der Lebensqualitätsforschung – wovon hängt unser Wohlbefinden ab? Psychotherapie Psychosomatik Medizinische Psychologie 2002; 52: 141–150

spanne einhergeht.[21, 22] Das innere Loslassen und eine Abkehr von einem Selbstbild der Unversehrtheit werden so möglicherweise begünstigt, das heißt erprobt und erlernt. Als mögliche Erklärung kann auch auf die psychomentale Widerstandsfähigkeit (Resilienz) älterer Menschen verwiesen werden.[23, 24] Ältere sind «zäh».

Obwohl alte Menschen darunter leiden, dass sie schlechter hören, sehen und gehen können, obwohl sie bedauern, dass ihre Vertrauten sterben und die Mobilität abnimmt, werden sie mit den Jahren nicht unbedingt unzufriedener: «Mens sana in corpore sano» («ein gesunder Geist in einem gesunden Körper»). Ein gesunder Körper, obwohl fraglos hilfreich, ist offenbar keine hinreichende oder zwingend notwendige Vorbedingung für einen zufriedenen Geist. Laut Altersforscher und Gerontopsychologe Andreas Kruse aus Heidelberg, Vorsitzender der Altenberichtskommission der Bundesregierung, ist es nicht ungewöhnlich, dass eine 90-jährige Frau mit kaputtem Rücken, die kaum noch allein laufen könne, genauso glücklich und zufrieden ist wie ihre 50-jährige Tochter. Neben den unglücklichen Rentnern, die mit dem neuen Leben hadern, gibt es auch eine große zufriedene Gruppe: Im statistischen Durchschnitt ist das Glücksempfinden bei Rentnern nicht geringer als bei den

21 Esch T. Die Neurobiologie des Glücks. Wie die Positive Psychologie die Medizin verändert. Thieme, Stuttgart, 2017

22 Porger A. Facetten des hohen Erwachsenenalters. In: Vanderheiden E. (Hrsg.). Der Mensch lernt niemals aus! Konzepte und Anregungen für eine Bildungsarbeit im vierten Lebensalter. Katholische Erwachsenenbildung Rheinland-Pfalz, Mainz, 2005

23 Vgl. Staudinger UM, Freund A, Linden M, Maas I. Selbst, Persönlichkeit und Lebensgestaltung: Psychologische Widerstandsfähigkeit und Vulnerabilität. In: Mayer KU, Baltes PB (Hrsg.). Die Berliner Altersstudie. Akademie Verlag, Berlin, 1996

24 Greve W, Staudinger UM. Resilience in Later Adulthood and Old Age: Resources and Potentials for Successful Aging. In: Cicchetti D, Cohen DJ (Eds). Developmental Psychopathology: Volume Three: Risk, Disorder, and Adaptation. Wiley Online Library 2015 (https://doi.org/10.1002/9780470939406. ch21)

Jungen.[25] Offenbar sind Ältere mit weniger zufrieden – Glück ist demnach vor allem Erwartungsmanagement. Es würde also, laut Andreas Kruse, schon helfen, wenn man sich die Rente vorher nicht so rosig ausmalte, wie viele es tun. Und wenn man nachher nicht so täte, als sei alles wie früher.

STUDIEN ZUR LEBENSZUFRIEDENHEIT: QUERSCHNITT- ODER LÄNGSSCHNITTSTUDIE?

Wissenschaftliche Studien werden nach unterschiedlichen Kriterien eingeteilt. Im Umfeld medizinischer (klinischer) oder gesundheitswissenschaftlicher Forschung unterscheidet man insbesondere Studien, die direkt in das Leben der Studienteilnehmer – der Probanden oder Patienten – eingreifen (Interventionsstudien), von solchen, die einen rein beobachtenden Charakter haben (Beobachtungsstudien). Andere Studien werden in erster Linie anhand ihres zeitlichen Ablaufs unterschieden. Für die zentralen Lebenszufriedenheitsstudien, auch jene, die hier im Buch aufgegriffen werden, gilt, dass sie vor allem durch ihren unterschiedlichen zeitlichen Ablauf voneinander abgegrenzt werden können. Wichtigstes Merkmal ist hier, ob es sich um eine Querschnitt- oder eine Längsschnittstudie (-erhebung) handelt.

Querschnittstudien befragen in der Regel zu einem gegebenen Zeitpunkt ein Studienkollektiv bestimmter Größe zu bestimmten Merkmalen. Dabei sind die Forschungsfragen, die sogenannten Hypothesen, schon im Vorfeld begründet und festgehalten worden. Das gilt im Übrigen auch für Längsschnittstudien, allerdings wird bei Querschnittstudien meist noch strenger auf eine Hierarchisierung der Hypothesen im Vorfeld geachtet. Deshalb darf man bei den Ant-

---

25 Vgl. u.a. Generali Deutschland (Hrsg.). Generali Altersstudie 2017. Springer-Verlag, Berlin / Heidelberg, 2018

worten der Teilnehmer (im sogenannten Datenpool oder Datensatz) nicht beliebig nach Merkmalshäufungen oder Korrelationen – dem überzufälligen Zusammenkommen individueller Merkmale – fahnden: Vor einer Analyse und Interpretation der Daten muss neben der Fragestellung immer auch die begründete Such- und Analysestrategie feststehen. Geht man so vor, dienen Querschnittstudien vor allem dem Erkennen von Mustern in Kollektiven oder Populationen, das heißt dem Auffinden von überzufälligen Häufungen von Merkmalen, von Beziehungen und Korrelationen zwischen Merkmalen und Merkmalsträgern sowie deren Verteilungen – räumlich oder in Bezug auf Eigenschaften wie Alter, Geschlecht, Einkommen, Gesundheitszustand usw.

Querschnittstudien erleichtern es, große Studienkollektive zu bilden sowie Häufigkeitsverteilungen und Wahrscheinlichkeiten des gemeinsamen Auftretens bestimmter Merkmale zu erfassen, was die Übertragbarkeit, Vergleichbarkeit und Verallgemeinerbarkeit (die Repräsentativität) der Ergebnisse verbessert. Querschnittstudien lassen sich in regelmäßigen Abständen wiederholen (manche werden sogar im Verlauf zu Längsschnittstudien umfunktioniert) oder zeitgleich an vielen Orten durchführen. Als Stichprobenstudien erlauben sie in der Regel keine Rückschlüsse auf Ursache-Wirkungs-Beziehungen, Vorher-nachher-Vergleiche oder individuelle Verläufe: Sie geben den jeweiligen Zustand zum jeweiligen Zeitpunkt wieder (up-to-date), für das jeweils aktuell befragte Kollektiv, aber es werden in der Regel nicht dieselben (identischen) Probanden nochmals befragt.

Längsschnittstudien sind zumeist, wenngleich nicht immer, Langzeitstudien. Man spricht auch von longitudinalen Studien, denn sie geben längere Verläufe wieder und erlauben so Vorher-nach-her-Vergleiche. Das Studienkollektiv ist häufig kleiner als in Querschnittstudien und besteht dabei immer aus denselben Personen (Wiederholungsbefragungen). Somit besteht die Möglichkeit, Daten aus der Vergangenheit und ihre Entwicklung über die Zeit (»von früher bis gestern bis jetzt«) zu erheben, diese im Verlauf genau nachzuverfolgen und konkreten Individuen oder «Fällen» zuzu-ordnen. Ursache-Wirkungs Beziehungen, die sogenannten Kausal-zusammenhänge, können mit entsprechend geeigneten Analyse-methoden gefunden werden (wenn diese Zusammenhänge tat-sächlich existieren und die Daten qualitativ für eine solche Analyse geeignet sind – was leider nicht immer der Fall ist).

Ein Problem der Langzeitstudien ist, dass man mit einem einmal begründeten Studienkollektiv arbeiten und «hinkommen» muss, was den Nachteil haben kann, dass über die Zeit Studienteilnehmer aus unterschiedlichsten Gründen ausscheiden («drop-outs») und das Kollektiv schrumpft. Außerdem sind Fragen oder Hypothesen, die man zum Zeitpunkt des Studienbeginns noch nicht im Kopf hatte, nur schwer nachträglich zu stellen (wenngleich das prinzipi-ell nicht unmöglich ist): Man kann nur analysieren, was man gefragt hat, das heißt, wozu auch Daten vorliegen. Das ist einer der Gründe, warum einige Langzeitstudien mehrere Kollektive (Kohorten) un-tersuchen, etwa weil man nach einer gewissen Laufzeit und ersten Auswertungen eine neue oder erweiterte Befragung gestartet hat. Langzeitstudien sind in der Regel sehr aufwendig und haben nicht selten eine begrenzte Repräsentativität, das heißt, die Übertragbar-keit und der Aussagewert über das spezifische (lokale und selek-tierte) Kollektiv hinaus sind mitunter eingeschränkt.

Typische Studien diesbezüglich im Kontext unseres Buches sind die Altersstudien (Bonn[8], Berlin[26], Generali/Allensbach[27]), die Heidel-berger Hundertjährigen-Studien[28], Nurses Health Study[29], Million

---

26 BASE: P.B. Baltes, H. Helmchen, E. Steinhagen-Thiessen et al. (Start: 1990), Querschnitt- und Längsschnittstudie (BASE I + II)

27 Generali Altersstudien: M. Sommer et al., Institut für Demoskopie Allens-bach, Generali Deutschland (2013 + 2017), Querschnittstudien

28 IID 100: C. Rott et al. (HD100-I: 2000–2001), Längsschnittstudie; D. S. Jopp et al. (HD100-II: 2011/2012), Querschnittstudie

29 NHS: W. Willett, F. E. Speizer et al., Harvard University/USA (Start Ko-horte NHS I: 1976; Kohorte NHS II: 1989), Längsschnittstudie

Woman Study[30], das Sozioökonomische Panel[31] und unsere eigene
ESH-Datenbank[32].

NURSES HEALTH STUDY

Die Nurses Health Study (NHS) ist die weltweit bedeutendste Längsschnittstudie zur Erfassung verschiedener bevölkerungsbezogener
Gesundheitsthemen und -risiken. Im Mittelpunkt stehen die Risiko-
faktoren für chronische Erkrankungen bei Frauen. Die Studie läuft
bereits seit 40 Jahren und wird von den National Institutes of Health
(US-Gesundheitsministerium) finanziert. Die akademische Basis ist
an der Harvard University in Boston angesiedelt (Harvard School of
Public Health, Harvard Medical School). Initiatoren waren ursprünglich die beiden Harvard-Professoren Walter C. Willett und Frank
Erwin Speizer.

Eingeladen und in die Studie eingeschlossen waren zunächst
verheiratete Krankenschwestern, die in der American Nurses Association eingeschrieben waren. Inzwischen werden auch Männer
rekrutiert. Seit 1976 finden Befragungen und Untersuchungen der
eingeschlossenen Teilnehmerinnen (und mittlerweile auch Teilnehmer) statt. Es gibt mehrere Studienkohorten (also fest eingeteilte
Personengruppen).

Kohorte 1 (NHS I) ab 1976: ca. 120 000 35- bis 55-jährige Krankenschwestern aus 11 bevölkerungsreichen US-Staaten. 1980 wurde
zum Beispiel der erste Fragebogen über die Ernährungsgewohnheiten verwendet, danach wurden diese alle vier Jahre erhoben, die

---

30 MWS: Cancer Epidemiology Unit, University of Oxford/UK (Start: 1996),
   Längsschnittstudie

31 SOEP: J. Schupp et al., Deutsches Institut für Wirtschaftsforschung (Start:
   1984), Längsschnittstudie

32 ESH/Experience(s) of Salience and Happiness: T. Esch et al., Universität
   Witten/Herdecke (Start: 2017), Querschnittstudie (läuft noch)

demographischen und andere Gesundheitsdaten im zweijährlichen Turnus. Die Antwortrate dabei betrug über 90 %, was ungewöhnlich hoch ist und die Güte der Daten und Analysen besonders hoch erscheinen lässt. Zusätzlich wurden von 1989 bis 1990 unter anderem auch 33 000 Blutproben gesammelt.

Kohorte 2 (NHS II) ab 1989: ca. 120 000 25- bis 42-jährige Krankenschwestern. Auch hier wurden in den 1990er Jahren etwa 30 000 Blutproben gesammelt. Die Teilnahmerate bei den Wiederholungsuntersuchungen betrug jeweils wieder über 90 %.

Kohorte 3 (NHS III): Der Einschluss von Frauen und Männern in diese neueste (3.) Studiengeneration läuft noch.

Die NHS-Studien haben bereits wichtige Beiträge zur Ernährungsgesundheit und zu Krebsrisiken erbracht, unter anderem zur Auswirkung der Antibabypille (der oralen Kontrazeptiva) und der Hormonersatztherapie auf das Brustkrebsrisiko sowie auf das Darmkrebs- und Herzerkrankungsrisiko. Rauchen, Alkohol und andere Ernährungsgewohnheiten wurden ebenfalls analysiert und die Verläufe in Bezug auf Erkrankungshäufungen untersucht.

Ein wichtiger Baustein sind neben den Fragen zum Lebensstil und zum Gesundheitsstatus auch Fragebögen zur Lebensqualität und zur Lebenszufriedenheit. Dabei lässt sich in der Analyse der Bereich der körperlichen gesundheitsbezogenen Lebensqualität statistisch von dem der psychisch-mentalen (oder: geistig-seelischen) trennen. In Bezug auf unser Buch ist dabei besonders bedeutsam, dass sich die körperliche Lebensqualität etwa ab der Lebensmitte bei den Probandinnen – in der statistischen Zusammenschau – fast linear und kontinuierlich verschlechtert, wohingegen sich die psychische Lebensqualität andersherum verhält und langsam verbessert. Beide Linien kreuzen sich – die absteigende Gerade für die physische und die aufsteigende Gerade für die psychische Lebensqualität –, bevor dann im weiteren Verlauf (ab einem Alter von etwa 60 Jahren) die psychische Lebensqualitäts-Komponente die zunächst führende Rolle für die positive «Gestimmtheit» im höheren Lebensalter übernimmt.

Was die Studie (Datenbank) neben ihrer Größe und Dauer zusätzlich für uns so bedeutsam macht, ist die Tatsache, dass hier erstmals auch Zusammenhänge zwischen Gesundheits- und Krankheitsparametern, allgemeinen Angaben zu Charakteristiken und Merkmalen der Teilnehmerinnen sowie zur Lebensqualität und Zufriedenheit untersucht werden können.

Die beschriebenen Verläufe sind – wortwörtlich – Beschreibungen. Wissenschaftlich sprechen wir daher auch von einer «deskriptiven» Datenanalyse.

EXPERIENCES OF SALIENCE AND HAPPINESS

Die «Experiences of Salience and Happiness (ESH)»-Datenbank[33] wird derzeit von Tobias Esch als Initiator und Projektleiter an der Universität Witten/Herdecke aufgebaut. Dafür wird eine Vielzahl von Parametern abgefragt, aber im Zentrum steht die Frage: Wann erleben Menschen Glück und Bedeutung?

Tobias Esch und sein Team haben der erwachsenen deutschen Bevölkerung – neben zahlreichen allgemeinen Angaben – diese drei Fragen gestellt:

- «Wie glücklich sind Sie jetzt gerade?»
- «Wie zufrieden sind Sie mit Ihrem Leben allgemein?»
- «Was ist Ihnen wirklich wichtig im Leben?»

Die angeschlossenen wissenschaftlichen Datenauswertungen versuchen auf Basis der noch laufenden Querschnittserhebung – bei mittlerweile über 3000 Studienteilnehmern aller Altersstufen –, nach Mustern und Motiven für Glück und Zufriedenheit zu fahnden. Das Besondere an diesem Datensatz ist, dass hier nicht nur die

---

33 www.glückundzufriedenheit.de/www.glueckundzufriedenheit.de

Höhe von Glück und Lebenszufriedenheit in bestimmten Lebensaltern («Ist-Zustand» einer aktuellen Stichprobe – Bevölkerungsquerschnitt von heute) erhoben wird, sondern die Analyse auch Korrelationen und überzufällige Häufigkeiten von relevanten Merkmalen erfasst. Mit anderen Worten: Die Befragung ist so konzipiert, dass sie nicht nur Phänomene wie das «Tal der Tränen» – die häufig beschriebene U-Form das «Glück» im Lebensverlauf mit dem vermeintlichen Tiefpunkt, dem Tal, rund um die Lebensmitte – im Kollektiv beschreiben und feststellen kann (was sich tatsächlich erneut zeigt!), sondern auch nach den vermeintlichen «Treibern» für eine höhere Lebenszufriedenheit in der zweiten Lebenshälfte fragt. Mit verschiedenen Methoden wird versucht, die entsprechenden Muster und Motive zu identifizieren. So kann festgestellt werden, ob es eher individuelle oder eben kollektive («universelle») Merkmale und Treiber für Glück und Zufriedenheit gibt.

Die Datenauswertung läuft, und die Studienergebnisse sind noch nicht publiziert. Aber Fragen, die nun anhand der eingegangenen Antworten gestellt werden, sind etwa:

- Sind Glück und Zufriedenheit das Gleiche?
- Kann man zufrieden sein, ohne glücklich zu sein? Und/oder umgekehrt?
- Was macht uns glücklich und was zufrieden, was korreliert mit dem einen und/oder dem anderen?
- Wie verteilen sich Glück und Zufriedenheit über die verschiedenen Lebensalter?

Diese Fragen wurden in der empirischen Glücks- und Lebenszufriedenheitsforschung bislang nicht zufriedenstellend beantwortet.

Eine erste Sichtung der Ergebnisse begründete im Übrigen auch den Leitfaden für den Dialog zwischen Eckart von Hirschhausen und Tobias Esch im vorliegenden Buch, das heißt den «roten Faden».

Folgende Motive und Aspekte scheinen demnach besonders bedeutsam zu sein: Gesundheit, Beziehung (Familie, Kinder, Enkelkinder, Großelternschaft, Partnerschaft), Zufriedenheit, Frieden, Natur, Glaube und Sinn (Spiritualität, Transzendenz), Generativität (Kulturbezug, etwas weitergeben wollen/können), Dankbarkeit.

Neben der Querschnittserhebung (primäre Datenbank) werden derzeit auch Menschen befragt, die nach einem schweren, bewegungseinschränkenden Schicksalsschlag (zum Beispiel Querschnittslähmung) für sich einen besonderen Zugang zu den Themen Glück und Zufriedenheit gefunden haben. Diese persönlichen Befragungen arbeiten unter anderem mit ausführlichen Tiefeninterviews. Hierbei interessiert insbesondere die Frage, ob und gegebenenfalls wie sich infolge oder im Verlauf eines Schicksalsschlages die Einstellung und der Umgang mit den Themen Glück und Zufriedenheit verändern. Es wird häufiger beobachtet, dass diese Menschen erstaunlich zufrieden scheinen und mitunter ein Zufriedenheitsniveau oder eine «Lebensklugheit» und «Weisheit» ausstrahlen, die sonst eher von Älteren berichtet wird. Über diese eher anekdotischen Schilderungen will man nun mehr erfahren. Eine modellhafte Spekulation dabei ist, dass schwere, traumatische Einschnitte ein «posttraumatisches» inneres Wachstum beschleunigen und etwaige Hemmungen der normalerweise erst in späteren Lebensaltern vorgesehenen Prozesse (beispielsweise einer inneren Reifung) aufheben können. Tobias Esch nennt diesen Theoriekomplex daher auch die «Inhibitionstheorie» (siehe oben).

ZUFRIEDENHEIT IM ALTER – GENERATIVITÄT

Als ein wesentlicher Faktor, der für die oftmals hohe Zufriedenheit im Alter bedeutsam erscheint, wurde die «Generativität» identifiziert. Dieser Begriff geht unter anderem auf den amerikanischen Psychologen und Biographieforscher John Kotre[34] zurück und bein-

---

34 Kotre JN. Outliving the self. Johns Hopkins University Press, Baltimore, 1984

haltet sowohl das kollektive Wissen um das gegenseitige Angewiesensein der Generationen als auch das persönliche Interpretieren des eigenen Lebensverlaufs – in Richtung Sinnhaftigkeit. Generativität bezieht sich demnach sowohl auf die Vermittlung und Weitergabe von Erfahrung und Kompetenz an jüngere Generationen als auch auf Aktivitäten, durch die ältere Menschen einen Beitrag für das Gemeinwesen leisten – und so ihre Existenz als sinnvoll erleben.[35]

Generativität beinhaltet das individuelle Bedürfnis wie auch den kollektiven Auftrag, sich um zukünftige, nachfolgende Generationen zu kümmern, zum Beispiel Kinder großzuziehen oder sich als Großeltern zu engagieren. Dazu zählt nicht nur, eigene Kinder zu zeugen und für sie zu sorgen, sondern auch das Unterrichten anderer, das Studium und Ausüben der Künste und Wissenschaften sowie schließlich soziales Engagement – alles das, was für zukünftige Generationen brauchbar sein könnte.[36]

Kritisch wird diskutiert, dass eine biologisch «normale» Abfolge der Generationen in vielen modernen Gesellschaften heute nicht mehr selbstverständlich ist: Laut Victoria Büsch, Demographie- und Altersforscherin aus Berlin, gab es noch nie so viele kinderlose Alte – ein Drittel der in den sechziger Jahren geborenen Babyboomer hat keine Kinder.[37] Die kommende Rentnergeneration in Deutschland hat demnach weniger Verwandte, ihre Vertreter sind in kleineren Familien mit weniger Geschwistern aufgewachsen, die Großelternrolle wird biologisch von vielen nicht ausgefüllt werden können. Und auch dort, wo sie möglich wäre, wird sie vielschichtig interpre-

---

35 Höpflinger F. Generativität im höheren Lebensalter. Generationensoziologische Überlegungen zu einem alten Thema. Z Gerontologie Geriatrie 2002; 35: 328–334

36 Erikson EH. The Life Cycle Completed. W. W. Norton, New York, 1982

37 Vgl. Büsch V. Zitiert in: Niejahr E, Rudzio K. Der Fluch der frühen Rente: Und jetzt? DIE ZEIT (31): 30. Juli 2015

tiert und nicht immer – im oben beschriebenen Sinne einer kollektiven Generativität – angenommen.

Generativität begünstigt inneres Loslassen und Zufriedenheit beispielsweise durch die als sinnstiftend erlebte Weitergabe von «zusammengetragenem» Wissen und Erfahrungen über die Lebenszeit. So kommen Menschen, die ein besonders erfülltes Berufsleben hatten, laut Bundesministerin a.D. Ursula Lehr (unter anderem Gründungsdirektorin des Deutschen Zentrums für Altersforschung an der Universität Heidelberg) mit dem Ruhestand nicht schlechter, sondern besser zurecht als ihre vorher schon nicht ganz so glücklichen Kollegen:[38] Die Unzufriedenen haben oft das Gefühl, sie müssten noch etwas zu Ende bringen, die Dinge zum Besseren wenden. Den «Erfolgreichen» hingegen fällt das Loslassen leichter. Vor allem aber verfügen solche Menschen häufiger über eine Fähigkeit, die im Alter immer wichtiger wird: Sie sind eher in der Lage, ihre Erwartungen den Umständen anzupassen.[39]

38 Vgl. Lehr U. Psychologie des Alterns. Quelle & Meyer, Wiebelsheim, 2006

39 Kruse A, Lehr U. Reife Leistung. Psychologische Aspekte des Alterns. In: Niederfranke A, Naegele G, Frahm E (Hrsg.). Funkkolleg Altern 1. VS Verlag für Sozialwissenschaften, Wiesbaden, 1999

WER ES *NICHT* GENAUER WISSEN WILL

DIE BOTSCHAFT DES BUCHES
AUF EINEM BIERDECKEL

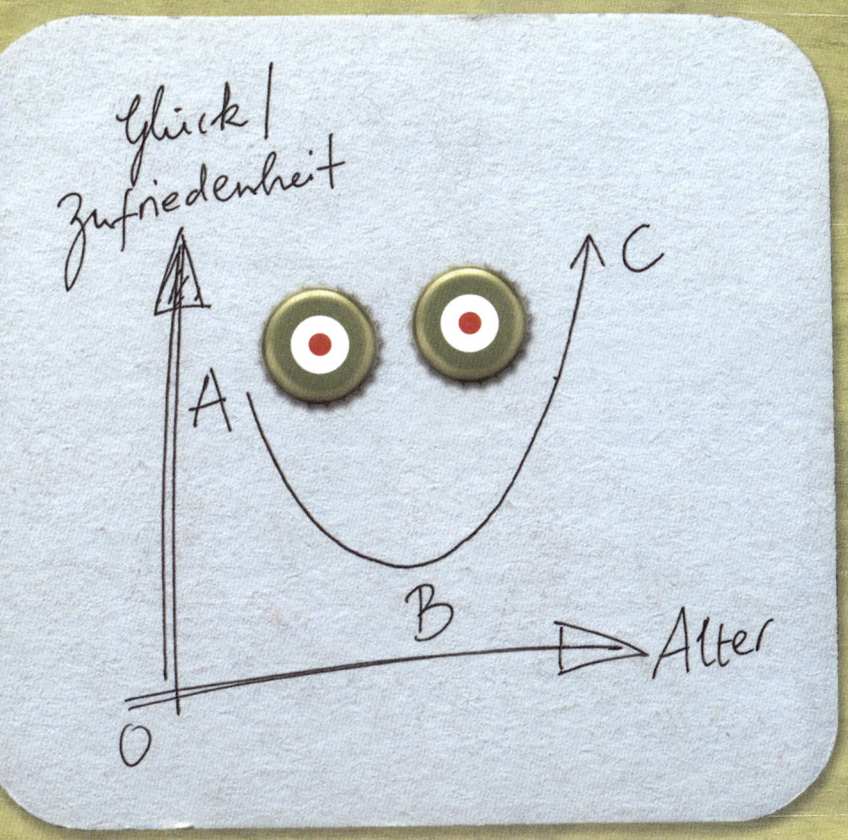

PS: In der zweiten Lebenshälfte wird die
Mustererkennung besser. Nach dem
zweiten Bier lässt sie wieder nach.

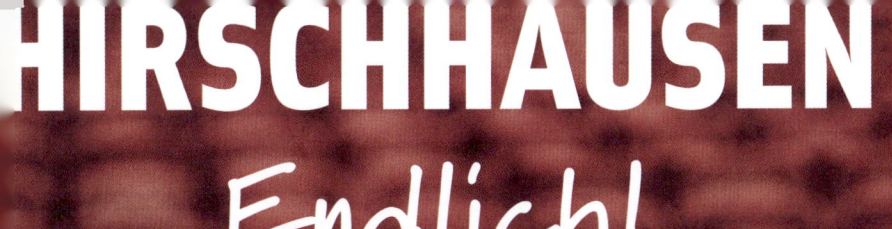

HIRSCHHAUSEN

Endlich!

LACHEN, WENN DER ARZT KOMMT

LIVE am besten

«Wenn das Leben endlich ist, wann fangen wir endlich an zu leben?»

DAS NEUE BÜHNENPROGRAMM

JETZT TICKETS SICHERN: WWW.HIRSCHHAUSEN.COM